60 0369783 3

KU-512-847

LA REVUE DES LETTRES MODERNES
collection fondée et dirigée par Michel MINARD

les carnets bibliographiques de la revue des lettres modernes

Éditeur : Peter C. HOY

Jean-Louis Barrault

écrits, répertoire, filmographie et critique
1935–1989

par

HÉLÈNE VOLAT-SHAPIRO
et GERHARD M. VASCO

préface de Tom BISHOP

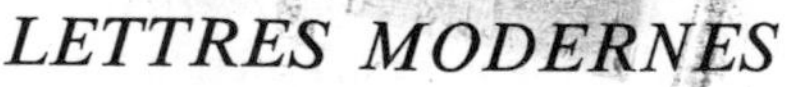

LETTRES MODERNES
MINARD — 73, rue du Cardinal-Lemoine — 75005 PARIS
1992

Par principe, nous respectons les formes des libellés telles qu'elles figurent dans les textes édités. D'où certaines disparités typographiques possibles entre les descriptions de première main que nous donnons de certains titres et les relevés de recensions que nous en donnons. D'où aussi certaines bizarreries d'orthographe dans les transcriptions des noms propres que nous respectons au vu des documents que nous relevons (un N* à la place du prénom indique que celui-ci n'est pas précisé dans le texte ou le support d'origine), toutefois, lorsqu'une preuve formelle ou un renseignement direct nous apportera la certitude d'une coquille, nous rectifierons les orthographes fautives, préférant ne pas propager des erreurs regrettables pour la recherche, dût l'art pour l'art bibliographique en subir quelque entorse.

PRODUIT EN FRANCE
ISBN 2-256-90904-2

préface

La carrière de Jean-Louis Barrault est matière à légende. Acteur, metteur en scène, directeur d'une grande entreprise théâtrale, il domine le théâtre français depuis la Deuxième Guerre mondiale. Même en dehors de la France, peu d'animateurs ont égalé la force de sa vision et l'exemple brillant donné au théâtre. C'est le type même de l'homme de théâtre, un génie créateur qui a investi son art d'une énergie, d'une vision et d'un talent extraordinaires. Il continue la vénérable tradition française qui remonte au début du siècle, avec André Antoine, et se poursuit sans interruption jusqu'à la Seconde Guerre mondiale, avec des hommes tels qu'Aurélien Lugné-Poë, Jacques Copeau, Louis Jouvet, Charles Dullin, Gaston Baty et Georges Pitoëff. Si Barrault a su porter si brillamment ce flambeau au cours des cinquante dernières années, c'est parce qu'il brûle de l'intensité incandescente d'une passion unique.

Barrault commença sa carrière au début des années Trente lorsque le légendaire Dullin l'engagea comme étudiant et figurant. Dès 1935, il mit en scène sa première pièce, tirée du roman de Faulkner *Tandis que j'agonise*, qui témoigne de l'influence du grand mime Étienne Decroux et du théoricien Antonin Artaud. Cette première tentative de créer ce qu'il appelle « le théâtre total » — un mélange de texte, de mouvement, de mime, de masques et de musique — fit sensation et lança l'acteur/metteur en scène de vingt-cinq ans. Artaud lui-même ajouta un chapitre à la seconde édition de son livre *Le Théâtre et son double* dans lequel il louait le travail de Barrault sur Faulkner. En 1940, Jacques Copeau invita Barrault à entrer à la Comédie-Française. Il y joua Hamlet, mit en scène Racine et Shakespeare, mais surtout, créa le monumental *Soulier de satin* de Claudel, ce qui fut le début d'une longue et fructueuse association avec le grand poète et auteur dramatique catholique. Barrault fit également du cinéma, notamment dans le chef-d'œuvre de Marcel Carné, *Les Enfants du paradis*. Des générations d'amateurs de cinéma n'oublieront jamais le jeu sensible de Barrault dans le rôle de Baptiste, rôle qui lui valut une place parmi les grands interprètes de la pantomime de notre siècle.

Pendant la guerre, il épousa Madeleine Renaud qui était alors une des actrices les plus célèbres de la Comédie-Française. Ils s'étaient rencontrés en 1936, et, bien qu'issus de milieux différents (ou peut-être justement pour cette raison) ils avaient été immédiatement attirés l'un vers l'autre. Renaud était déjà célèbre ; issue d'une famille de la haute bourgeoisie, elle était mariée à un acteur respecté, membre comme elle de la Comédie-Française. Barrault menait une vie de bohème à Saint-Germain-des-Prés et défendait des idées radicales de théâtre. Ils devaient devenir au cours d'un demi-siècle un couple légendaire, tant pour leur dévotion l'un envers l'autre que pour leur dévotion au théâtre.

En 1946, ils quittèrent le sanctuaire de la Comédie-Française pour se lancer seuls dans l'aventure. Ils fondèrent la Compagnie Renaud-Barrault qui, après maints triomphes et obstacles, reste vigoureuse. C'est à cette époque que Madeleine Renaud fut consacrée la meilleure actrice du théâtre français, « la grande dame », qui devait marquer de son talent une étonnante variété de rôles allant de Molière et Marivaux, à la bouche isolée de Beckett dans *Pas moi* ; en même temps, tandis que Barrault organisait, créait, dirigeait, interprétait et animait une succession de projets théâtraux passionnants qui, marqués par un dynamisme éclectique et dénués de toute position doctrinaire, recherchaient un dialogue spécial avec le public.

La nouvelle compagnie s'établit au Théâtre Marigny dans les

jardins des Champs-Élysées, une élégante demeure qui se prêtait admirablement à Molière, Giraudoux, Shakespeare, Anouilh, Racine et Montherlant. Barrault créa également plusieurs pièces de Claudel, y compris la production universellement louée de *Partage de midi*, avec Edwige Feuillère, Pierre Brasseur et Barrault lui-même. Pendant les dernières années au Théâtre Marigny, Barrault créa un atelier dans une petite salle pour y présenter des auteurs d'avant-garde.

Vers la fin des années Cinquante, André Malraux, le charismatique ministre de la Culture du général de Gaulle, installa la Compagnie Renaud-Barrault au théâtre national de l'Odéon-Théâtre de France. Barrault en fit l'un des espaces théâtraux les plus innovateurs de Paris. Non seulement il y présenta d'autres classiques, d'autres pièces de Claudel, d'autres maîtres modernes célèbres, mais il prit des risques et ouvrit les portes de son théâtre aux voies nouvelles et importantes qui commençaient à se faire entendre. Il monta *Rhinocéros* d'Ionesco, *Oh ! les beaux jours* de Beckett (qui fut l'un des plus grands triomphes de Madeleine Renaud) ; il fut l'un des premiers à présenter les œuvres de Marguerite Duras et de Nathalie Sarraute ; il invita Roger Blin à mettre en scène *Les Paravents* de Genet, un spectacle qui fit scandale et provoqua des émeutes. Tout en occupant un poste officiel, il réussit à produire du théâtre non-conformiste. Comme toujours, Barrault réussit à faire collaborer des artistes très différents les uns des autres et les stimulait à collaborer à la création théâtrale.

Ce sont la révolte des étudiants et les barricades de mai 1968 qui mirent fin aux jours glorieux de Barrault au Théâtre de France. Les étudiants occupèrent l'Odéon qu'ils considéraient comme le symbole de la « culture bourgeoise ». L'Odéon était bien sûr une entreprise gérée par l'État mais c'est l'une des ironies de ce mois de Mai 68 tumultueux que la foule ait choisi d'occuper l'Odéon plutôt que la Comédie-Française, par exemple. Barrault n'était certainement pas l'ennemi. Mais la Comédie-Française était à l'abri sur la Rive Droite alors que l'Odéon était sur le droit chemin de la Sorbonne, la cible principale du mécontentement des étudiants. Pendant des jours et des nuits le théâtre fut occupé et servit de forum à des discussions chaudes, et de centre d'un désordre surchauffé. Barrault exprima sa sympathie aux étudiants et essaya en vain de contrôler une situation volatile. Il refusa d'exécuter les ordres du Ministère, de couper l'électricité aux plusieurs milliers de jeunes qui campaient dans la salle. Pour le punir de son insubordination, il fut sommairement congédié quand l'ordre fut rétabli.

Éternel optimiste, inébranlable dans sa foi dans le théâtre, Barrault regroupa sa Compagnie, loua une salle de catch et dans les six mois qui suivirent, il présenta une de ses productions les plus originales et les plus innovatrices, *Rabelais,* un spectacle polyvalent, fondé sur la vie et l'œuvre du grand auteur de *Gargantua* et *Pantagruel.* La Compagnie Renaud-Barrault avait déjà fait de nombreuses tournées ; elle organisa cette fois-ci une nouvelle série de tournées à l'étranger avec des représentations du joyeux *Rabelais* qui témoignèrent d'une compagnie théâtrale rajeunie et lui attirèrent un nouveau public jeune. À New York, ils jouèrent au City Center, mais leur plus grand triomphe fut sans aucun doute au gigantesque Zellerbach Auditorium de l'Université de Californie à Berkeley. Sur ce campus où les émeutes avaient précédé celles de Mai 68 à Paris, Barrault, Renaud et Rabelais conquirent des milliers d'étudiants par un profond message de liberté au moment même où les incidents meurtriers de l'Université de Kent State provoquaient de nouvelles émeutes sanglantes à travers les États-Unis.

En 1974, les deux vétérans du théâtre relevèrent un défi nouveau et plus grand. Malgré de grands obstacles et au prix d'énormes engagements financiers, Barrault et Renaud réussirent à créer un nouveau théâtre — le leur — dans une gare désaffectée située en face du Louvre, sur la Rive Gauche de la Seine. Avec le courage, l'énergie et la ténacité qui ont toujours caractérisé ce couple extraordinaire, et que d'autres qui pourraient être leurs enfants leur envieraient, Renaud et Barrault se mirent à construire.

Les sept années passées au Théâtre d'Orsay comptent parmi les périodes les plus glorieuses de l'histoire du théâtre. Aller au Théâtre d'Orsay s'avéra l'expérience la plus complète que tout spectateur eût pu souhaiter car tout y était conçu pour une meilleure appréciation de l'événement théâtral. La salle principale, fonctionnelle, attrayante et confortable sans élégance forcée, avait des angles de visibilité excellents et une avancée de scène vaste et flexible; une petite salle (c'est la tradition Renaud-Barrault) était particulièrement adaptée au théâtre expérimental. Les foyers étaient couverts d'affiches, d'expositions, de photos de spectacles, et de toiles de fond de nombreuses productions du passé, souvent exécutées par les plus grands peintres modernes. Le restaurant offrait des plats et des boissons à des prix modiques, ce qui permettait aux spectateurs d'arriver tôt et de rester tard pour parler théâtre et pour se joindre aux membres de la Compagnie, le plus souvent à Madeleine Renaud et Jean-Louis Barrault eux-mêmes. Il n'existait rien de semblable à Paris et le public (souvent très jeune) se pressait à Orsay, toujours presque au maximum de sa capacité. Que la Compagnie Renaud-Barrault ait pu arriver à subsister, sans subvention notable et malgré un programme toujours ambitieux et exigeant n'est pas le moindre exploit dans le monde du théâtre. Barrault créa des spectacles fondés sur les œuvres de nombreux auteurs tels que La Fontaine, Voltaire, Diderot et Nietzsche, mit également en scène Claudel, Ionesco, Beckett et Duras tandis que Madeleine Renaud obtenait un de ses plus grands triomphes dans *Harold et Maude*. Ils travaillèrent inlassablement et s'amusaient beaucoup. Grâce à leur amour et à leur dévouement total au théâtre, le Théâtre d'Orsay devint un temple privilégié de l'art théâtral.

Et puis en 1981, les Barrault furent encore une fois obligés de déménager. Désireux d'établir un musée de l'art du XIXe siècle, le gouvernement réquisitionna la gare désaffectée et démantela le théâtre pour faire place à ce qui est maintenant le Musée d'Orsay. Avec la ténacité de Sisyphe et l'énergie d'Hercule, Barrault et Renaud (âgés alors respectivement de soixante-dix et quatre-vingts ans) refusèrent de se soumettre et d'abandonner ce qu'ils connaissaient et aimaient par-dessus tout. Rassemblant bois, acier, lumières et tout le reste, ils négocièrent avec l'État un nouvel espace et se préparèrent à déplacer leur compagnie de nouveau, dans ce qui ressemblait à une éternelle diaspora. L'ouverture du nouveau et splendide Théâtre du Rond-Point, au Rond-Point des Champs-Élysées (dans l'ancienne patinoire, le Palais de Glace) s'avéra le dernier des miracles Renaud-Barrault. À nouveau, l'énergie et l'imagination de Barrault rendirent possible l'impossible et à nouveau, avec une vigueur de jeunes et un courage sans limite, ce couple extraordinaire se mit au travail. Ils reproduisirent les grandes et petites salles d'Orsay, créèrent de nouveaux foyers et un espace pour la restauration. De plus, toujours prêts à innover, ils fondèrent un club de théâtre international, foyer pour les gens de théâtre du monde entier. « Les gens de théâtre », pour citer les paroles chères à Barrault « n'ont qu'une nationalité : le théâtre ».

Il y a longtemps, Barrault avait donné vie à un festival international, « Le Théâtre des Nations ». Aujourd'hui, dans son nouveau théâtre superbe, situé presque en face du Marigny où sa compagnie débuta quarante ans auparavant, Barrault reçoit acteurs, actrices, metteurs en scène, auteurs dramatiques et critiques du monde entier. Avec Barrault, avec Renaud, ceux-ci se sentent à l'aise et se savent les bienvenus dans un endroit qui respire l'essence même de ce que le théâtre est et a toujours été. Un nouveau théâtre, un nouveau départ, un vieil amour, l'engagement de toute une vie ! Un jeune homme de près de quatre-vingts ans a créé un remarquable monument vivant qui restera un héritage laissé au théâtre français et au théâtre tout court.

Tom BISHOP
New York University

Cette bibliographie recense les écrits, le répertoire théâtral, la filmographie de Jean-Louis Barrault, ainsi que les écrits critiques sur son œuvre, de 1939 à 1989.

Elle a été réalisée en majeure partie à l'aide des catalogues, journaux et périodiques de la Bibliothèque Nationale et de la Bibliothèque de l'Arsenal à Paris, mais aussi grâce aux ressources et aux bases de données disponibles à l'Université de l'État de New York à Stony Brook et à la Lincoln Library à New York. Elle a bénéficié également des archives de la Compagnie Renaud-Barrault.

Enfin ce travail est infiniment redevable à Peter Hoy qui nous a aidés et conseillés sans relâche, en nous apportant même le précieux résultat de ses propres recherches bibliographiques.

H.V.-S.

MÉMENTO

Les données sont réparties en deux grands groupes de chronologies :

— Chronologie des écrits, du répertoire théâtral, de la filmographie de Jean-Louis Barrault répartis à l'intérieur de rubriques codées :

A Écrits originaux publiés de façon autonome

B Œuvres autonomes d'un auteur autre ou d'ouvrages collectifs reprenant des textes ou comportant des contributions de Jean-Louis Barrault

C Articles de Jean-Louis Barrault publiés dans des revues ou périodiques (classement chronologique pour une même revue et classement par ordre traitant de pagination à l'intérieur d'une même livraison). Le parti a été pris de recenser par année en premier lieu les Cahiers de la Compagnie.

D Interviews ou propos de Jean-Louis Barrault

E Traductions étrangères faites des écrits de Jean-Louis Barrault quelle que soit la nature du support

F Filmographie

G Répertoire théâtral comprenant tous les spectacles mis en scène par Jean-Louis Barrault avant 1946 et le répertoire complet de la Compagnie Madeleine Renaud - Jean-Louis Barrault depuis sa fondation en 1946.

— Chronologie des écrits critiques sur Jean-Louis Barrault rangés alphabétiquement à l'intérieur de chaque année. Les articles anonymes sont classés en tête des années dans l'ordre alphabétique des titres des supports. Un gros point noir • en tête de rubrique signale les volumes ou les périodiques intégralement consacrés à Jean-Louis Barrault.

ABRÉVIATION

CRB *Cahiers de la Compagnie Madeleine Renaud - Jean-Louis Barrault.*

1935

35C1

« Un Mimodrame : *Autour d'une mère* », *La Bête noire*, n° 3, 1er juin 1937, p. 7.

35F1

Les Beaux jours (dir. Marc ALLÉGRET).
Productions Flag Films.
Rôle : René.

35F2

Sous les yeux d'Occident (dir. Marc ALLÉGRET).
Productions André Daven.
Rôle : Haldin.

35G1

Autour d'une mère. Adaptation du roman *Tandis que j'agonise*, de William FAULKNER. Mise en scène de Jean-Louis BARRAULT.
Théâtre de l'Atelier.

1936

36F1

Un Grand amour de Beethoven (dir. Abel GANCE).
General Production.
Rôle : Karl.

36F2

Hélène (dir. Jean-Benoît LÉVY et Marie EPSTEIN).
Les Films Marquis.
Rôle : Pierre Régnier.

36F3

Jenny (dir. Marcel CARNÉ).
Réalisations d'Art Cinématographique.
Rôle : le dromadaire.

36F4

Mademoiselle Docteur (dir. Georg-Wilhelm PABST).
Films Trocadéro.
Rôle : le client fou.

36F5

À nous deux, Madame la vie (dir. Yves MIRANDE et René GUISSART).
Eden Productions.
Rôle : Paul.

1937

37F1

Drôle de drame (dir. Marcel CARNÉ).
Rôle : William Kramps.

37F2

Mirages (dir. André RYDER).
Productions François Campaux.
Rôle : Pierre Bonvais.

37F3

Orage (dir. Marc ALLÉGRET).
Productions André Daven.
Rôle : l'Africain.

37F4

Les Perles de la couronne (dir. Sacha GUITRY et CHRISTIAN-JAQUE).
Imperia Films.
Rôle : Bonaparte.

37F5

Police mondaine (dir. Michel BERNHEIM et Christian CHAMBORANT).
Productions Claude Dolbert.
Rôle : Scoppa.

37F6

Le Puritain (dir. Jeff MUSSO).
Films Derby.
Rôle : le journaliste Ferriter.

37G1

Numance, d'après CERVANTÈS. Adaptation et mise en scène de Jean-Louis BARRAULT.
Théâtre Antoine.
Reprise en 1965.
Voir 65G4.

1938

38F1

Altitude 3200 (dir. Jean-Benoît LÉVY et Marie EPSTEIN).
Transcontinental Films.
Rôle : Armand.

38F2

L'Or dans la montagne (dir. Max HAUFLER).
Clarté Film.
Rôle : Farinet.

38F3

La Piste du Sud (dir. Paul BILLON).
Général Production.
Rôle : Olcott.

1939

39C1

« *La Faim*. Action dramatique d'après le roman de Knut Hamsun », *La Nouvelle saison*, nº 7, juil. 1939, pp. 297–362.
Voir aussi 54C9 et 65C3.

39G1

La Faim. Adaptation du roman de Knut HAMSUN et mise en scène de Jean-Louis BARRAULT.
Théâtre de l'Atelier.

1940

40F1

Parade en sept nuits (dir. Marc ALLÉGRET).
Pathé Cinéma.
Figuration.

1941

41F1

Le Destin fabuleux de Désirée Clary (dir. Sacha GUITRY).
Harispuin.
Rôle : Napoléon Bonaparte.

41F2

Montmartre-sur-Seine (dir. Georges LACOMBE).
S.U.F.
Rôle : Michel.

41F3

La Symphonie fantastique (dir. CHRISTIAN-JAQUE).
Continental.
Rôle : Hector Berlioz.

41G1

Huit cents mètres, d'André OBEY. Mise en scène de Jean-Louis BARRAULT.
Stade Roland-Garros.

41G2

Les Suppliantes, d'ESCHYLE. Mise en scène de Jean-Louis BARRAULT.
Stade Roland-Garros.

1942

42C1

« Le Rôle social du théâtre », *Comœdia*, 16 mai 1942, pp. 1-2.

42C2

« Le Cas *Phèdre* », *Comœdia*, 7 nov. 1942, pp. 1, 4-5.

42D1

« Avant la reprise de *Phèdre*, M. Vaudoyer et Jean-Louis Barrault nous disent... », *La France socialiste*, 7 nov. 1942, p. 3.

42F1

L'Ange de la nuit (dir. André BERTHOMIEU).
Pathé Cinéma.
Rôle : Jacques Martin.

1943

43F1

Les Enfants du paradis (dir. Marcel CARNÉ).
Pathé Cinéma.
Rôle : Baptiste Debureau.

43G1

Le Soulier de satin, de Paul CLAUDEL. Mise en scène de Jean-Louis BARRAULT.
Comédie-Française.
Reprise en 1963.
Voir 63G9.

1944

44A1

CLAUDEL, Paul. *Le Soulier de satin.* Version pour la scène, abrégée, annotée et arrangée en collaboration avec Jean-Louis BARRAULT. Paris, Gallimard, 1944. 237 p.

Voir aussi 58A1.

44C1

« Bilan », *Formes et couleurs*, t. IV, n° 3, 1944, pp. 16–23.

44C2

« *Le Soulier de satin* à la Comédie-Française », par Jean-Louis BARRAULT et Paul CLAUDEL, *Revue des beaux-arts de France*, déc. 1943-janv. 1944, pp. 81–8.

1945

45C1

« Leur plus beau Noël », *Le Courrier de Paris*, n° 88, 26 déc. 1945, p. 2.

Avec la réponse de Jean-Louis Barrault.

45F1

La Part de l'ombre (dir. Jean DELANNOY).

Safra, Paulvé et Speva Films.
Rôle : Michel Kremer.

45G1

Antoine et Cléopâtre, de SHAKESPEARE. Mise en scène de Jean-Louis BARRAULT.

Comédie-Française.

45G2

Les Mal-aimés, de François MAURIAC. Mise en scène de Jean-Louis BARRAULT.

Comédie-Française.

1946

46A1

Mise en scène et commentaires : " Phèdre". Paris, Seuil, 1946. 231 p. (Coll. « Mises en scène »).

Voir aussi 72A2.

46C1

« L'Acteur, cet instrument du théâtre », *Élites françaises*, déc. 1946, pp. 37–9.

Traduction en anglais : voir 50E3.

46D1

« Jean-Louis Barrault démissionnaire de la Comédie-Française nous dit : " J'ai quitté un wagon plombé" », *Combat*, 3 mai 1946, p. 1.

Propos recueillis par Paul BODIN.

46D2

« " *Hamlet*, c'est le Mont Cervin", nous dit Jean-Louis Barrault », *Le Figaro*, 12 oct. 1946, p. 4.

Propos recueillis par André WARNOD.

46D3

« Avant *Hamlet* à Marigny : " Je suis un alpiniste" nous dit Jean-Louis Barrault », *Juin*, 15 oct. 1946, p. 8.

Propos recueillis par Jean DEMACHY.

46D4

« Le Comédien vu par Jean-Louis Barrault », *Le Courrier de l'étudiant*, 30 oct. 1946, pp. 1, 8.

Propos recueillis par J.-L. OLIVIER.

46F1

Le Cocu magnifique, d'après la pièce de Fernand CROMMELYNCK (dir. Émile DE MEYST).

Belnapro.
Rôle : Bruno.

46G1

Baptiste, pantomime-ballet de Jacques PRÉVERT. Mise en scène et chorégraphie de Jean-Louis BARRAULT. Décors et costumes de MAYO. Musique de Joseph KOSMA.

Théâtre Marigny. 24 octobre 1946.
Reprise en 1959.
Voir 59G1.

46G2

Les Fausses confidences, de MARIVAUX. Mise en scène de Jean-Louis BARRAULT. Décors et costumes de Maurice BRIANCHON.

Théâtre Marigny. 24 octobre 1946.
Reprise en 1959.
Voir 59G2.

46G3

Hamlet, de SHAKESPEARE. Traduction d'André GIDE. Mise en scène de Jean-Louis BARRAULT. Décors et costumes d'André MASSON. Musique d'Arthur HONEGGER.

Théâtre Marigny. 17 octobre 1946.
Reprise en 1962.
Voir 62G2.

46G4

Les Nuits de la colère, d'Armand SALACROU. Mise en scène de Jean-Louis BARRAULT. Décors et costumes de Félix LABISSE.

Théâtre Marigny. 12 décembre 1946.

1947

47C1

« Critiqué, soutenu, dénigré, défendu, le poste d'administrateur de la Comédie-Française ne tente personne », *Ce matin*, 6e an., nº 790, 9-10 févr. 1947, p. 2.

Réponses et témoignages de Jean-Louis BARRAULT, Jacques HÉBERTOT, Berthe BOVY, Marie VENTURA, Jean VEBER, Huguette DUFLOS, Maurice ESCANDE, Janine CRISPIN, Bernard ZIMMER, Claude VERMOREL, *et al.*.

47C2

« Propos sur la pantomime », *Formes et couleurs*, t. IX, nº 5, 1947, pp. 38–51.

47D1

« "On rentre ! Ce que préparent les directeurs de théâtres, les auteurs et les comédiens : cinq minutes avec Jean-Louis Barrault », *L'Ordre de Paris*, 1re an., nº 14, 17 sept. 1947, p. 2.

47D2

DUFRESNE, Claude, « Jean-Louis Barrault veut fonder "sa" maison », *Ce matin*, 6e an., nº 958, 26 sept. 1947, p. 2.

47D3

« "Je ne trahirai pas Kafka en faisant rire le public", nous dit Jean-Louis Barrault qui donne vendredi *Le Procès* de Kafka au Théâtre Marigny », *Franc-tireur*, 4 oct. 1947, p. 2.

Propos recueillis par Jean DEROGNY.

47D4

« Jean-Louis Barrault : interview with France's outstanding actor-director », *Theatre Arts*, vol. 31, no. 10, Oct. 1947, pp. 24–8.

Propos recueillis par Arthur et Luce KLEIN.

47G1

Amphitryon, de MOLIÈRE. Mise en scène de Jean-Louis BARRAULT. Décors et costumes de Christian BÉRARD. Musique de Francis POULENC.

Théâtre Marigny. 5 décembre 1947.
Reprise en 1961.
Voir 61G1.

47G2

La Fontaine de Jouvence, pantomime de Boris KOCHNO. Mise en scène de Jean-Louis BARRAULT. Décors et costumes de Christian BÉRARD. Musique de Georges AURIC.

Théâtre Marigny. 5 décembre 1947.

47G3

L'Ours, de TCHEKHOV. Mise en scène de Jean-Louis BARRAULT.

Théâtre Marigny. 19 octobre 1947.
Reprise en 1963.
Voir 63G6.

47G4

Le Pays des cerisiers, d'André DHÔTEL. Mise en scène de Jean DESSAILLY. Décors de Félix LABISSE.

Théâtre Marigny. 11 octobre 1947.

47G5

Le Procès, de Franz KAFKA. Adaptation d'André GIDE et de Jean-Louis BARRAULT. Mise en scène de Jean-Louis BARRAULT. Décors de Félix LABISSE.

Théâtre Marigny. 11 octobre 1947.
Reprise en 1961.
Voir 61G9.

1948

48A1

GIDE, André *et* Jean-Louis BARRAULT. *Le Procès, pièce tirée du roman de Kafka.* Traduction d'Alexandre VIALATTE. Paris, Gallimard, 1948. 221 p.

Traduction en anglais : voir 50E4, 63E1.

Traduction en allemand : GIDE, André. *Der Prozess von Franz Kafka* [in der Dramatisierung von A. Gide und J.-L. Barrault]. New York, Austrian Institute [s. d.].

48D1

« "Nostalgie de 1900 ? *Occupe-toi d'Amélie*, c'est une pièce dédiée à la rate" nous dit Jean-Louis Barrault », *Combat*, 10 mars 1948, p. 4.

Propos recueillis par Dominique ARBAN.

48D2

« "Nous devons tout à Jacques Copeau" nous déclarent Louis Jouvet, Jean-Louis Barrault et Jacques Hébertot », *La Bourgogne républicaine*, 23 oct. 1948, pp. 1, 5.

48D3

« Jean-Louis Barrault parle aux étudiants de *L'État de siège* », *France-soir*, 24 nov. 1948, p. 4.

48F1

D'Homme à hommes (dir. CHRISTIAN-JAQUE).

R.I.C.

Rôle : Henri Dunant.

48G1

L'État de siège, d'Albert CAMUS. Mise en scène de Jean-Louis BARRAULT. Décors de BALTHUS. Musique d'Arthur HONEGGER.

Théâtre Marigny. 28 octobre 1948.

48G2

Occupe-toi d'Amélie, de Georges FEYDEAU. Mise en scène de Jean-Louis BARRAULT. Décors de Félix LABISSE. Costumes de Jean-Denis MALCLÈS.

Théâtre Marigny. 4 mars 1948.
Reprise en 1960.
Voir 60G4.

48G3

Partage de midi, de Paul CLAUDEL. Mise en scène de Jean-Louis BARRAULT.

Théâtre Marigny.
Reprise en 1961.
Voir 61G7.

1949

49A1

À propos de Shakespeare et du théâtre. Paris, La Parade, 1949. 111 p.

49A2

Réflexions sur le théâtre. Paris, Jacques Vautrain, 1949. 207 p.

Traduction en allemand : voir 67E1.
Traduction en anglais : voir 51E1.
Traduction en espagnol : voir 53E1.
Traduction en italien : voir 54E1.

49C1

« Mon apprentissage de théâtre : souvenirs et explications », *Le Figaro littéraire*, 12 nov. 1949, pp. 5-6.

49D1

« Jacques Copeau, le janséniste du théâtre », *Combat*, 22-23 oct. 1949, p. 4.

Contributions de P.-A. TOUCHARD, J. MARCHAT, A. BARSACQ, J. HÉBERTOT, J.-L. BARRAULT, A. BADEL, L. JOUVET.

49E1

« Child of silence », *Theatre Arts*, vol. 34, no. 10, Oct. 1949, pp. 28–31.

49G1

Le Bossu, de Paul FÉVAL et Anicet BOURGEOIS. Mise en scène de Jean-Louis BARRAULT. Décors de Félix LABISSE. Musique de Georges AURIC.

Théâtre Marigny. 16 décembre 1949.

49G2

Elisabeth d'Angleterre, de Ferdinand BRUCKNER. Traduction de Renée CAVE. Mise en scène de Jean-Louis BARRAULT. Décors et costumes de Lucien COUTAUD. Musique d'Elsa BARRAINE.

Théâtre Marigny. 11 novembre 1949.

49G3

Les Fourberies de Scapin, de MOLIÈRE. Mise en scène de Louis JOUVET. Décors et costumes de Christian BÉRARD. Musique d'Henri SAUGUET.

Théâtre Marigny. 18 février 1949.
Reprise en 1963.
Voir 63G3.

49G4

La Seconde surprise de l'amour, de MARIVAUX. Mise en scène de Jean-Louis BARRAULT. Décors et costumes de Maurice BRIANCHON.

Théâtre Marigny. 18 février 1949.

1950

50A1

Une Troupe et ses auteurs. Extraits et commentaires à propos de Shakespeare, Molière, Marivaux, Claudel, Gide, Kafka, Feydeau, Achard et Sartre. Paris, Compagnie Madeleine Renaud - Jean-Louis Barrault et Jacques Vautrain, 1950. 254 p.

Contient : pp. 5–34 : « Sous le signe de Shakespeare et de Marivaux »; pp. 35–45 : « Le Héros shakespearien »; pp. 45–51 : « Marivaux précurseur »; pp. 51–75 : « Feydeau. Sur le rire et l'observation »; pp. 75–82 : « Marcel Achard. La poésie et le cirque »; pp. 82–98 : « Paul Claudel. Les deux côtés du livre »; pp. 98–110 : « Jean-Paul Sartre »; pp. 110–26 : « Kafka ou le problème de la Justice ».

50C1

« Charles Dullin », *La Revue des deux mondes*, janv. 1950, pp. 338–43.

50C2

« Adieu à Charles Dullin », *La Revue des deux mondes*, avril 1950, p. 286.

50C3

« Shakespeare et nous », *Revue de la Société d'histoire du théâtre*, II, n° 2, 1950, pp. 133–6.

50E1

« My Doubts and my beliefs », *World Theatre*, I, no. 1, 1950, pp. 5–8.

50E2

« The Rehearsal, the performance », *Yale French Studies*, no. 5, 1950, pp. 3-4.

Voir aussi 51E2.

50E3

« The Theatre and its instrument », *The Kenyon Review*, XII, no. 2, Spring 1950, pp. 219–23.

Trad. par Eric BENTLEY.
Traduction de 46C1.

50E4

The Trial. From the novel by Franz KAFKA ; play by André GIDE and Jean-Louis BARRAULT ; English translation and adaptation by Jacqueline and Frank SUNDSTROM. London, Secker and Warburg, 1950. 82 p.

Traduction de 48A1.
Voir aussi 63E1.

50F1

La Ronde (dir. Max OPHÜLS).

Sacha Gordine.
Rôle : Robert Kühlenkampf, le poète.

50G1

L'Impromptu. Poèmes, chansons, mime, réunis par Jean-Louis BARRAULT. Mise en scène de Jean-Louis BARRAULT.

Théâtre Marigny. 1er mars 1950.

50G2

Les Mains sales, de Jean-Paul SARTRE. Mise en scène de Jean-Louis BARRAULT. Décors d'Émile BERTIN.

Première représentation le 29 mai 1950 à Rio de Janeiro lors de la Tournée de la Compagnie Renaud - Barrault en Amérique du Sud.
Théâtre Marigny.

50G3

Malatesta, de Henry DE MONTHERLANT. Mise en scène de Jean-Louis BARRAULT. Décors et costumes de Mariano ANDRÉÜ.

Théâtre Marigny. 21 décembre 1950.

50G4

Malborough s'en va-t-en guerre, de Marcel ACHARD. Mise en scène de Jean-Louis BARRAULT. Décors et costumes de Jean-Denis MALCLÈS. Musique de Georges AURIC.

Théâtre Marigny. 25 mars 1950.

50G5

On purge Bébé, de Georges FEYDEAU. Mise en scène de Jean-Louis BARRAULT.

Théâtre Marigny. 1er mars 1950.

50G6

La Répétition ou l'amour puni, de Jean ANOUILH. Mise en scène de Jean-Louis BARRAULT. Décors et costumes de Jean-Denis MALCLÈS.

Théâtre Marigny. 27 octobre 1950.

1951

51C1

« Cinq ans de théâtre », *Les Annales - Conferencia*, LVIII, nº 13, nov. 1951, pp. 3–16.

51C2

« Jean Racine », *La Revue des deux mondes*, oct. 1951, pp. 475–95.

Voir aussi 55C7.

51C3

« Jouvet », *Le Figaro littéraire*, 25 août 1951, pp. 1, 4.

51C4

« Mon beau souci ! », *La Ronde des arts* [Paris], 1re an., nº 1, 15 avril 1951, p. 1.

51C5

« Scandale, révolte et révolution », *La Ronde des arts*, 1re an., nº 3, juil.-août 1951, p. 2.

51C6

« Réponse à l'enquête "Existe-t-il actuellement un mal du théâtre ?" », *La Ronde des arts*, 1re an., nº 7, déc. 1951, p. 7.

Enquête dirigée par M.A. RAMON et réalisée en collaboration avec N. CLÉMENT, G. DE MEULAN, Ann LAURY et Gilles VELON.

51C7

« Sir Laurence Olivier », *Adam. International Review*, XIX, no. 216–218, 1951, p. 17.

51C8

« Notre chef de famille », *Adam. International Review*, XIX, no. 216–218, 1951, pp. 26–8.

51C9

« Tel que je l'ai vu », *Le Figaro littéraire*, 24 févr. 1951, p. 5.

51E1

Reflections on the Theatre. Translated by Barbara WALL. Londres, Rockliff, 1951. 185 p.

Traduction de 49A2.

51E2

« The Rehearsal, the performance », *Adam. International Review*, XIX, no. 216–218, 1951, pp. 4-5.

Voir aussi 50E2.

51G1

Bacchus, de Jean COCTEAU. Mise en scène de Jean COCTEAU. Décors et costumes de Jean COCTEAU.

Théâtre Marigny. 21 décembre 1951.

51G2

L'Échange, de Paul CLAUDEL. Mise en scène de Jean-Louis BARRAULT. Décors et costumes de WAKHEVITCH.

Théâtre Marigny. 14 décembre 1951.

51G3

L'Épreuve, de MARIVAUX. Mise en scène de Pierre BERTIN. Décors et costumes de Maurice BRIANCHON.

Première représentation à Lyon. Théâtre des Célestins.
Théâtre Marigny. 7 juin 1951.

51G4

Lazare, d'André OBEY. Mise en scène de Jean-Louis BARRAULT. Décors et costumes de Félix LABISSE.

Théâtre Marigny. 22 novembre 1951.

51G5

Maguelone, de Maurice CLAVEL. Mise en scène de Jean-Louis BARRAULT.

Théâtre Marigny. 5 avril 1951.

51G6

Œdipe, d'André GIDE. Mise en scène de Jean VILAR. Décors et costumes de Léon GISCHIA.

Théâtre Marigny. 5 avril 1951.

51G7

On ne badine pas avec l'amour, d'Alfred DE MUSSET. Mise en scène de Jean-Louis BARRAULT. Décors et costumes de Jean-Denis MALCLÈS. Musique d'Arthur HONNEGER.

Théâtre Marigny. 14 décembre 1951.

1952

52B1

CÉZAN, Claude. *Le Grenier de Toulouse tel que je l'ai vu*. Toulouse, Privat, 1952. 152 p.

Préface de Jean-Louis BARRAULT : pp. 5–10.

52B2

LIPNITZKI, Haim Efime Boris. *Images de Louis Jouvet*. Notice bibliographique de Claude CÉZAN. Paris, Émile-Paul Frères, 1952. 94 p.

Préface de Jean-Louis BARRAULT : pp. 7–14.

52B3

RACINE, Jean. *Athalie*. Mise en scène et commentaires de Georges Le ROY. Paris, Seuil, 1952. 272 p. (Coll. « Mises en scène », 9).

Préface de Jean-Louis BARRAULT : pp. 9–12.

52C1

« À propos du *Soulier de satin* », *Biblio*, XX, n° 3, mars 1952, pp. 7-8.

52C2

« Ce que je dois à Knut Hamsun », *Arts*, 29 févr. 1952, p. 1.

52C3

« Tragédie : il n'y a que le sang qui compte », *Arts*, 26 juin–2 juil. 1952, p. 1, 13.

52C4

« Louis Jouvet, vous étiez notre premier », *Arts*, 31 juil.-6 août 1952, p. 3.

52C5

« J'emporte le trac dans mes valises », *Arts*, 10–16 oct. 1952, pp. 1, 4.

52C6

« Propos sur Claudel », *Théâtre populaire*, n° 11, 1952, pp. 101-2.

Contributions de Jean-Louis BARRAULT, Bernard DORT, Roland BARTHES, Jean DUVIGNAUD, Jean PARIS.

52C7

« Jean-Louis Barrault nous écrit du Canada », *Le Figaro littéraire*, 22 nov. 1952, p. 9.

52D1

« Entretiens sur le théâtre », *La Revue théâtrale*, VII, n° 19, 1952, pp. 7–21.

Propos recueillis par Jean-Marie CONTY.

52D2

« La Compagnie J.-L. Barrault quitte Paris pour 18 mois : sa grande tournée mondiale débute par l'Italie », *Franc-tireur*, 12e an., n° 2361, 1er-2 mars 1952, p. 2.

Interview : propos recueillis par J.-P. AYMON.

52D3

VAUBAN, Maurice, « Madeleine Renaud et Jean-Louis Barrault abandonnent Paris et leur théâtre pour un an », *Ce matin - Le Pays*, 11e an., n° 2433, 20 juin 1952, p. 2.

Interviews avec Madeleine Renaud et Jean-Louis Barrault.

52D4

« Copeau a rénové le théâtre », *Arts*, 20 oct. 1952, pp. 1, 10.

Texte d'une discussion « Rencontres à la Chaîne nationale... avec Jean-Louis Barrault, Pierre Fresnay, Raymond Rouleau, Jean Vilar ».

52G1

Connaissance de Paul Claudel. Montage et mise en scène de Jean-Louis BARRAULT.

Théâtre des Célestins, Lyon. 2 avril 1952.
Reprise en 1955.
Voir 55G3.

1953

53C1
« Présentation des *Cahiers* », *CRB*, nº 1, 1953, pp. 3–8.

53C2
« Paul Claudel et *Christophe Colomb* », *CRB*, nº 1, 1953, pp. 15-6.

Voir aussi 75C1.
Traduction en anglais : voir 77E1.

53C3
« Du "Théâtre total" et de *Christophe Colomb* », *CRB*, nº 1, 1953, pp. 30–41.

Voir aussi 65C11 et 75C2.
Traduction en anglais : voir 65E1, 73E4 et 77E1.

53C4
« Paul Claudel : notes pour des souvenirs familiers », *CRB*, nº 1, 1953, pp. 45–87.

Traduction en allemand : voir 60E2.
Traduction en anglais : voir 73E3.

53C5
« Pour le rétablissement des vraies "générales" », *CRB*, nº 1, 1953, pp. 120–2.

53C6
« Le Petit Théâtre de Marigny », *CRB*, nº 1, 1953, pp. 125–7.

53C7
« À la recherche de *Pour Lucrèce* », *CRB*, nº 2, 1953, pp. 72–100.

53C8
« Pour un nouveau Cartel », *CRB*, nº 2, 1953, pp. 122-3.

53C9
« Rétablissement du parterre », *CRB*, nº 2, 1953, p. 124.

53C10
« Le Jeu de la dernière minute : À propos de *Christophe Colomb* », *CRB*, n° 2, 1953, pp. 125–7.
Voir aussi 75C3.

53C11
« Souvenirs familiers : ma collaboration avec Claudel », *Le Figaro littéraire*, 24 oct. 1953, pp. 1, 5.

53C12
« À la recherche de Lucrèce », *Le Figaro littéraire*, 24 oct. 1953, p. 3.

53C13
« Manifeste du Théâtre des Cinq (1936) », *La Revue théâtrale*, 8e an., n° 23, 1953, pp. 11–4.

53C14
« Partout nous avons retrouvé la France en Amérique », *France-illustration*, 17 janv. 1953, pp. 90-1.

53C15
« Défense et illustration des générales », *Dimanche matin*, 11 oct. 1953, p. 8.

53D1
« Jean-Louis Barrault : “Je ne vais pas à Londres et j'aimerais monter *Summer and Smoke* de Tennessee Williams” », *Combat*, 7 janv. 1953, p. 2.
Propos recueillis par Jean CARLIER.

53D2
« Jean-Louis Barrault : “Gide fut mon ami, Gide est mon parent” », *Carrefour*, 13 mai 1953, p. 2.

53D3
« Jean-Louis Barrault : “Je vise au cœur” », *L'Aurore*, 21 sept. 1953, p. 8.

53D4
« Actualité de Shakespeare », *La Revue théâtrale*, 8e an., n° 26, 1953, pp. 5–8.
Propos recueillis par André FRANK.

53E1

Reflexiones sobre el teatro. Buenos Aires, Peña del Giudice, 1953. 200 p.

Le nom du traducteur n'est pas signalé.
Traduction de 49A2.

53F1

Si Versailles m'était conté (dir. Sacha GUITRY).

C.L.M. Cocinor.
Rôle : Fénelon.

53G1

Le Livre de Christophe Colomb, de Paul CLAUDEL. Mise en scène de Jean-Louis BARRAULT. Décors de Max INGRAND. Costumes de Max INGRAND et Marie-Hélène DASTÉ. Musique de Darius MILHAUD.

Création au Festival de Bordeaux le 21 mai.
Première représentation à Paris le 3 octobre au Théâtre Marigny.
Reprises en 1960 et en 1975.
Voir 60G3 et 75G3.

53G2

Pour Lucrèce, de Jean GIRAUDOUX. Mise en scène de Jean-Louis BARRAULT. Décors de A. M. CASSANDRE. Costumes de Christian DIOR et A. M. CASSANDRE.

Théâtre Marigny. 6 novembre 1953.

1954

54B1

BAISSE, Guy *et* Jean ROBIN. *Maquillage et perruques au théâtre*. Paris, Librairie théâtrale, 1954. 198 p.

Préface de Jean-Louis BARRAULT : pp. 5-6.

54B2

BERTIN, Pierre. "*Carnet de voyage (Brésil, Uruguay, Argentine, Chili)*". (Numéro spécial des *Cahiers de la Compagnie Madeleine Renaud - Jean-Louis Barrault*). 127 p.

Préface de Jean-Louis BARRAULT : pp. 3–8.

54B3

RÉMY, Tristan. *Jean-Gaspard Debureau*. Paris, L'Arche, 1954. 220 p. (Coll. « Le Théâtre et les jours »).

Préface de Jean-Louis BARRAULT : pp. 5–10.

54B4

TCHEKHOV, Anton. *La Cerisaie*, comédie en 4 Actes. Version française par Georges NEVEUX. Paris, Éd. de la Bibliothèque Mondiale, 1954. Non paginé.

Avant-propos de Jean-Louis BARRAULT.

54C1

« Pierre Boulez », *CRB*, n° 3, 1954, pp. 3–6.

Voir aussi 63C1.

54C2

« Le Marigny et son "Petit Théâtre" », *CRB*, n° 4, 1954, pp. 3–7.

54C3

« Georges Schehadé », *CRB*, n° 4, 1954, pp. 75–8.

54C4

« Le Jeu de la dernière minute : à propos de *Pour Lucrèce* », *CRB*, n° 4, 1954, pp. 125–7.

54C5

« Depuis octobre 1946... » *CRB*, n° 5, 1954, pp. 47–88.

54C6

« Pourquoi j'aime *La Cerisaie* », *CRB*, n° 6, 1954, pp. 87–97.

54C7

« Hommage aux "Karinska" », *CRB*, n° 6, 1954, p. 98.

54C8

« Construire une troupe », *CRB*, n° 7, 1954, pp. 47-8.

Lettre adressée à Félix Labisse le 8 févr. 1954.

54C9

« Fragments de *La Faim* », *CRB*, n° 7, 1954, pp. 69–84.

Voir aussi 39C1 et 65C3.

54C10

« Le Problème du geste », *CRB*, n° 7, 1954, pp. 85–92.

54C11

« Bulletin de la dernière minute : à propos de *La Cerisaie* », *CRB*, n° 7, 1954, pp. 125–7.

54C12

« Pourquoi j'aime le théâtre », *L'Âge nouveau*, n° 85, janv. 1954, pp. 5–8.

54C13

« L'Avis des grands interprètes contemporains : un commentaire français », *World Theatre*, IV, no. 1, 1954, pp. 30–2.

Traduction en anglais : voir 54E2.

54C14

« Mes deux grands chagrins de théâtre », *Le Figaro littéraire*, 24 avril 1954, pp. 1, 3.

54D1

« Entretiens à bâtons rompus avec Jean-Louis Barrault », *Franc-tireur*, 8 avril 1954, pp. 1, 2.

Propos recueillis par Maria CRAIPEAU.

54D2

« Problèmes du théâtre contemporain », *Hommes et mondes*, n° 98, sept. 1954, pp. 292–303.

Propos recueillis par Marie-Françoise CHRISTOUT.

54E1

Riflession sul teatro. A cura di Glauco NATOLI. Firenze, Sansoni, 1954. 210 p.

Traduction de 49A2.

54E2

« Actors' comments : a French reaction », *World Theatre*, IV, no. 1, 1954, pp. 30–2.

Traduction de 54C13.

54G1

Renard, de RAMUZ. Chorégraphie et mise en scène de Jean-Louis BARRAULT. Costumes de Marie-Hélène DASTÉ. Musique d'Igor STRAVINSKY.

Théâtre du Petit Marigny. 13 janvier 1954.

54G2

La Soirée des proverbes, de Georges SCHEHADÉ. Mise en scène de Jean-Louis BARRAULT. Décors de Félix LABISSE. Costumes de Marie-Hélène DASTÉ. Musique de Maurice OHANA.

Théâtre Marigny. 31 janvier 1954.

54G3

Le Misanthrope, de MOLIÈRE. Mise en scène de Jean-Louis BARRAULT. Décors de Pierre DELBÉE, costumes de Marcel ESCOFFIER.

Première représentation le 14 mai 1954 à Rio de Janeiro.
Théâtre Marigny. 6 novembre 1954.

54G4

Le Cocu magnifique, de Fernand CROMMELYNCK. Mise en scène de Jean-Louis BARRAULT. Décors et costumes de Félix LABISSE.

Théâtre Saint-Paul, Rio de Janeiro. 18 mai 1954.

54G5

La Cerisaie, de TCHEKHOV. Traduction de Georges NEVEUX. Mise en scène de Jean-Louis BARRAULT. Décors et costumes de WAKHEVITCH.

Première représentation le 20 mai 1954 à Rio de Janeiro.
Théâtre Marigny. 8 octobre 1954.
Reprise en 1960.
Voir 60G1.

54G6

Il faut qu'une porte soit ouverte ou fermée, d'Alfred DE MUSSET. Mise en scène de Pierre BERTIN.

Théâtre Municipal, Santiago du Chili. 21 juillet 1954.
Reprise en 1955.
Voir 55G4.

54G7

Irène innocente, d'Ugo BETTI. Traduction de Maurice CLAVEL. Mise en scène de Jean-Pierre GRANVAL. Décors et costumes de Félix LABISSE.

Théâtre du Petit Marigny. 17 novembre 1954.

1955

55A1

Je suis homme de théâtre. Paris, Éd. du Conquistador, 1955. 159 p.
Rééd. en 1961.
Traduction en allemand : voir 73E5.
Voir aussi 55C6

55A2

Connaissance de Paul Claudel. Textes réunis et présentés par Jean-Louis BARRAULT. Paris, *Revue de la Compagnie Madeleine Renaud-Jean-Louis Barrault*, 1955. 96 p. (*Cahiers de la Compagnie Madeleine Renaud-Jean-Louis Barrault*, n° 12, 1955).

55B1

DUCHARTRE, Pierre-Louis. *La Commedia dell'arte et ses enfants.* Paris, Éd. d'Art et d'Industrie, 1955. 292 p.
Préface de Jean-Louis BARRAULT : pp. 7–10.
Rééd. en 1978.

55B2

TEILLON-DULLIN, Pauline *et* Charles DARRAS. *Charles Dullin ou les ensorcelés du Châtelard.* Paris, Michel Brient, 1955. 235 p. (Coll. « Publications de la Société d'histoire du théâtre »).
Préface de Jean-Louis BARRAULT : pp. 9–18.

55B3

VAUTHIER, Jean. *Le Personnage combattant ou Fortissimo. Pièce à une personne et un valet de chambre.* Paris, Gallimard, 1955. 222 p.
Préface de Jean-Louis BARRAULT : pp. 7–14.
Rééd. en 1981.

55C1

« J'aime l'atmosphère de bataille », *Arts*, 26 janv.–1er févr. 1955, pp. 1, 3.

55C2

« Propos sur Paul Claudel », *Théâtre populaire*, nº 11, janv.-févr. 1955, pp. 101–9.

Contributions par Jean-Louis BARRAULT, Bernard DORT, Roland BARTHES, Jean DUVIGNAUD, Jean PARIS.

55C3

« Notes de travail en marge des préfaces et épîtres dédicatoires de Jean Racine », *CRB*, nº 8, 1955, pp. 72–96.

55C4

« *Le Personnage combattant* », *CRB*, nº 8, 1955, pp. 102–8.

Voir aussi 71C1.

55C5

« Le Lit de Volpone », *CRB*, nº 9, 1955, pp. 61–3.

Sur Charles Dullin.

55C6

« La Vie de tournée », *CRB*, nº 9, 1955, pp. 87–109.

Extrait de *Je suis homme de théâtre.*
Voir aussi 55A1.

55C7

« Jean Racine », *CRB*, nº 10, 1955, pp. 43–69.

Voir aussi 51C2.

55C8

« Situations de *L'Orestie* », *CRB*, nº 11, 1955, pp. 95–9.

55C9

« Réflexions rapides après *Bérénice* », *CRB*, nº 11, 1955, pp. 116–25.

55C10

« Des moyens de théâtre à la recherche de certains êtres humains », *CRB*, nº 13, 1955, pp. 3-4.

55C11

« *Le Chien du jardinier* », *CRB*, nº 14, 1955, pp. 49–51.

55C12

« André Gide », *CRB*, nº 14, 1955, pp. 112–6.

55C13
« Bienvenue à Christopher Fry », *Le Figaro*, 13 janv. 1955, p. 10.

55C14
« Nous sommes décidés à continuer la lutte », *Le Figaro*, 15-16 janv. 1955, p. 10.

55C15
« À propos d'une reprise : *Intermezzo*, c'est Giraudoux lui-même », *Le Figaro*, 8 nov. 1955, p. 12.
Voir aussi 75C9.

55C16
« Devant la mort de Claudel », *Le Figaro littéraire*, 26 févr. 1955, p. 4.

55C17
« La Journée d'un homme de théâtre », *Le Figaro littéraire*, 19 mars 1955, pp. 1, 6, 7.

55C18
« Le Dernier adieu sur la tombe de Brangues », *Le Figaro littéraire*, 10 sept. 1955, p. 3.
Sur Paul Claudel.

55C19
« Notre parterre », *Les Lettres françaises*, 20 oct. 1955, pp. 1, 9.

55D1
« À Marigny, Jean-Louis Barrault reprend Racine et révèle Christopher Fry », *Combat*, 8-9 janv. 1955, p. 2.
Propos recueillis par Jean CARLIER.

55D2
« *L'Orestie* au Festival de Bordeaux », *Franc-tireur*, 6 mai 1955, p. 2.

55G1
Bérénice, de RACINE. Mise en scène de Jean-Louis BARRAULT. Décors et costumes de Léonor FINI.
Théâtre Marigny. 8 janvier 1955.

55G2

Le Chien du jardinier, de Georges NEVEUX, d'après LOPE DE VEGA. Mise en scène de Jean-Louis BARRAULT. Décors et costumes de Jean-Denis MALCLÈS.

Théâtre Marigny. 8 décembre 1955.

55G3

Connaissance de Paul Claudel. Montage et mise en scène de Jean-Louis BARRAULT.

Théâtre Marigny. 3 mars 1955.
Reprise de 1952.
Voir 52G1.

55G4

Il faut qu'une porte soit ouverte ou fermée, d'Alfred DE MUSSET. Mise en scène de Pierre BERTIN.

Première représentation au Théâtre Municipal de Santiago du Chili, le 21 juillet 1954.
Théâtre Marigny. 8 janvier 1955.
Reprise de 1954.
Voir 54G6.

55G5

Intermezzo, de Jean GIRAUDOUX. Mise en scène de Jean-Louis BARRAULT. Décors et costumes de Maurice BRIANCHON. Musique de Francis POULENC.

Théâtre Marigny. 18 mars 1955.

55G6

L'Orestie, d'ESCHYLE (*Agamemnon, Les Choéphores, Les Euménides*). Adaptation d'André OBEY. Mise en scène de Jean-Louis BARRAULT. Décors de Félix LABISSE. Costumes de Marie-Hélène DASTÉ. Masques de Amleto SARTORI et Petrus BRIDE. Musique de Pierre BOULEZ.

Création à Bordeaux (sans *Les Euménides*) pour le Festival de Bordeaux le 26 mai 1955.
Théâtre Marigny. 5 octobre 1955.
Reprise en 1962.
Voir 62G4.

55G7

Le Songe des prisonniers, de Christopher FRY. Traduction de MORVAN-LEBESQUE. Mise en scène de Jean-Louis BARRAULT.

Théâtre Marigny. 13 janvier 1955.

55G8

Les Suites d'une course, pantomime de Jules SUPERVIELLE. Mise en scène de Jean-Louis BARRAULT. Décors et costumes de Jacques DUPONT. Masques de Petrus BRIDE. Musique d'Henri SAUGUET.

Théâtre Marigny. 8 décembre 1955.

55G9

Volpone, de Jules ROMAINS *et* Stefan ZWEIG d'après Ben JONSON. Mise en scène de Jean-Louis BARRAULT. Décors et costumes d'André BARSACQ. Musique de Georges AURIC.

Théâtre Marigny. 27 janvier 1955.

1956

56A1

Adieu à Claudel. Zürich, Viernheim, 1956. 32 p.
Textes en français et en allemand.

56A2

Anthologie poétique du comédien. Nos impromptus poétiques télévisés. Par Madeleine RENAUD et Jean-Louis BARRAULT. Préface de Jean D'ARCY. Paris, Julliard, 1956. 210 p.

56B1

CLAUDEL, Paul. *Le Livre de Christophe Colomb.* Illustrations par DECARIS. Paris, Georges Guillot, 1956. 224 p.
Préface de Jean-Louis BARRAULT : pp. 9–12.

56B2

ESCHYLE. *L'Orestie.* Adaptée par André OBEY. Paris, Éd. de la Bibliothèque Mondiale, 1956. Non paginé.
Présenté par Jean-Louis BARRAULT.

56C1

« Problèmes de *L'Orestie*, *CRB*, nº 15, 1956, pp. 86–119.

56C2

« La Commedia dell'arte », *CRB*, nº 17, 1956, pp. 105–10.

56C3

« Légitimité du théâtre », *Revue d'esthétique*, nº 9, mars 1956, pp. 83–91.

56C4

« Le Théâtre est un art nécessaire, indépendant et pur », *Arts*, 4 avril 1956, pp. 1–3.

56C5

« Conférence-débat sur Bérénice », *L'Année propédeutique*, nº 9, 1956, pp. 23–33.

56G1

Le Personnage combattant, de Jean VAUTHIER. Mise en scène de Jean-Louis BARRAULT. Décors de Félix LABISSE. Effets sonores de Philippe ARTHUYS.

Théâtre du Petit Marigny. 1er février 1956.
Reprise en 1970.
Voir 70G6.

56G2

Histoire de Vasco, de Georges SCHEHADÉ. Mise en scène de Jean-Louis BARRAULT. Décors de Yack YOUNGERMAN avec Petrus BRIDE. Costumes de Marie-Hélène DASTÉ. Musique de Joseph KOSMA.

Schauspielhaus, Zürich. 15 octobre 1956.
Reprise en 1957.
Voir 57G2.

1957

57C1

« Ménandre », *CRB*, nº 20, 1957, pp. 57–80.

57C2

« De l'art du geste », *CRB*, nº 20, 1957, pp. 85–103.

57C3

« Cas de conscience devant Kafka », *CRB*, nº 20*bis*, oct. 1957 (rééd. oct. 1961), pp. 51–62.

Voir aussi 65C2.

57C4

« Théâtre, art d'actualité », *CRB*, nº 21, 1957, pp. 26–9.

57C5

« Esquisse d'une histoire de *L'Orestie* », *L'Information littéraire*, nº 9, 1957, pp. 17–21.

57C6

« Jean-Louis Barrault devant Racine », *Les Lettres françaises*, 8–14 mars 1957, pp. 1, 3 ; 19–25 avril 1957, pp. 1, 8, 9.

57D1

« Jean-Louis Barrault : "Je repars à zéro" », *Arts*, 20 mars 1957, pp. 1-2.

Propos recueillis par André PARINAUD.

57D2

« [La Tragédie grecque et les metteurs en scène d'aujourd'hui] : Ce qu'en pensent les étrangers », *World Theatre*, VII, no. 4, 1957, pp. 274–7.

Traduction en anglais : voir 57E1.

57E1

« [Greek tragedy and the producers of today] : the foreign producer's point of view », *World Theatre*, VII, no. 4, 1957, pp. 274–7.

Traduction de 57D2.

57G1

Le Château, de KAFKA. Adaptation de Pol QUENTIN, d'après Max BROD. Mise en scène de Jean-Louis BARRAULT. Décors de Félix LABISSE avec Petrus BRIDE. Costumes de Marie-Hélène DASTÉ. Musique de Maurice LEROUX.

Théâtre Sarah Bernhardt. 23 octobre 1957.

57G2

Histoire de Vasco, de Georges SCHEHADÉ. Mise en scène de Jean-Louis BARRAULT. Décors de Jack YOUNGERMAN avec Petrus BRIDE. Costumes de Marie-Hélène DASTÉ. Musique de Joseph KOSMA.

Schauspielhaus, Zürich. 15 octobre 1956.
Reprise de 1956.
Voir 56G2.

57G3

Madame Sans-Gêne, dc Victorien SARDOU. Mise en scène de Pierre DUX. Décors et costumes de WAKHEVITCH.

Théâtre Sarah Bernhardt. 17 décembre 1957.

1958

58A1

CLAUDEL, Paul. *Le Soulier de satin.* Version pour la scène, abrégée, annotée et arrangée en collaboration avec Jean-Louis BARRAULT, pp. 340–526 in Paul CLAUDEL, *Œuvres complètes* (Paris, Gallimard, 1958. Vol. 12. 527 p.).

Voir aussi 44A1.

58B1

MCKEE, Kenneth W.. *The Theatre of Marivaux.* New York, New York University Press, 1958. 277 p.

Avant-propos de Jean-Louis BARRAULT : pp. XIII–XVI.

58B2

« La Mime tragique », pp. 121–32 in Jean DORCY, *À la rencontre de la mime et des mimes : Decroux, Barrault, Marceau* (Paris, Les Cahiers de Danse et Culture, 1958. 152 p.).

58C1

« L'Homme théâtre... », *CRB*, nº 22-23, 1958, pp. 46–8.

Voir aussi 69C1.

58C2

« Pour un petit traité de l'alchimie théâtrale », *CRB*, nº 22-23, 1958, pp. 106–73.

58C3

« Je ne sais quel accueil », *CRB*, nº 24, 1958, pp. 10–3.

58C4

« Retour au *Soulier de satin* : un Claudel vivant », *CRB*, nº 25, pp. 3–37.

58C5

« Répétition du *Soulier de satin* », *CRB*, nº 25, 1958, pp. 62–70.

58C6

« Claudel et la mise en scène », *World Theatre*, VII, no. 1, Spring 1958, pp. 30–5.

Traduction en anglais : voir 58E1.

58C7

« La Faim », *Éducation et théâtre*, n° 44-45, mars 1958, pp. 143–7.

58C8

« Qu'est-ce que l'avant-garde en 1958 ? », *Les Lettres françaises*, 27 mars–2 avril 1958, pp. 1 et 6.

58E1

« Claudel as producer », *World Theatre*, VII, no. 1, 1958, pp. 30–5.

Traduction de 58C6.

58G1

Le Soulier de satin, de Paul CLAUDEL. Mise en scène de Jean-Louis BARRAULT. Décors et costumes de Lucien COUTAUD. Musique d'Arthur HONEGGER.

Théâtre du Palais-Royal. 18 décembre 1958.

58G2

La Vie parisienne, de H. MEILHAC *et* L. HALÉVY. Mise en scène de Jean-Louis BARRAULT. Décors et costumes de Jean-Denis MALCLÈS. Musique d'OFFENBACH.

Théâtre du Palais-Royal. 12 novembre 1958.
Reprise en 1962.
Voir 62G7.

1959

59A1

Nouvelles réflexions sur le théâtre. Préface d'Armand SALACROU. Paris, Flammarion, 1959. 283 p. (Coll. « Bibliothèque d'Esthétique. Série Notes d'artistes »).

Traduction en anglais : voir 61E1.
Traduction en allemand : voir 62E1.

59B1

QUÉANT, Gilles. *Encyclopédie du théâtre contemporain.* Tome 2. *(1914–1950).* Paris, Perrin, 1959. 211 p.

Préface de Jean-Louis BARRAULT : pp. 3–6.

59C1

« Depuis Chaptal », *CRB*, nº 26, 1959, pp. 45–8.

59C2

« Notre troisième aventure bordelaise », *CRB*, nº 26, 1959, pp. 56–60.

59C3

« La Leçon de *Tête d'Or* », *CRB*, nº 27, 1959, pp. 41–8.

59C4

« Le Théâtre, ce métier... », *CRB*, nº 28, 1959, pp. 95–113.

Texte d'un discours de Jean-Louis Barrault à la Sorbonne en octobre 1953.

59C5

« *Tête d'Or*, première flamme d'un jeune génie », *L'Illustré théâtre*, n.s., V, nº 14, 1959, pp. 32–4.

59D1

« Pourquoi Claudel n'a jamais voulu de son vivant laisser représenter *Tête d'Or*, sa première pièce », *Le Figaro littéraire*, 15 août 1959, p. 3.

Propos recueillis par Guy VERDOT.

59F1

Le Testament du Docteur Cordelier (dir. Jean RENOIR).
Pathé Cinéma.
Rôle : Dr Cordelier/Opale.

59G1

Baptiste, pantomime-ballet de Jacques PRÉVERT. Mise en scène et chorégraphie de Jean-Louis BARRAULT. Décors et costumes de MAYO. Musique de Joseph KOSMA.
Odéon-Théâtre de France.
Reprise de 1946.
14 décembre 1959.
Voir 46G1.

59G2

Les Fausses confidences, de MARIVAUX. Mise en scène de Jean-Louis BARRAULT. Décors et costumes de Maurice BRIANCHON.
Odéon-Théâtre de France. 4 décembre 1959.
Reprise de 1946.
Voir 46G2.

59G3

La Petite Molière, de Jean ANOUILH *et* Roland LAUDENBACH. Mise en scène de Jean-Louis BARRAULT. Décors de Jacques NOËL. Costumes de Jacques NOËL et Marie-Hélène DASTÉ. Musique de Jean-Michel DAMASE.
Odéon-Théâtre de France. 11 novembre 1959.

59G4

Tête d'Or, de Paul CLAUDEL. Mise en scène de Jean-Louis BARRAULT.
Odéon-Théâtre de France. 21 octobre 1959.
Reprise en 1968.
Voir 68G2.

1960

60B1

FARABET, René. *Le Jeu de l'acteur dans le théâtre de Claudel.* Paris, Lettres Modernes, 1960. 162 p. (Coll. « Théâtre », 2).
Préface de Jean-Louis BARRAULT : pp. VII-XI.

60C1

« Un Précurseur », *CRB*, n° 28, 1960, pp. 5–10.

60C2

« Le Théâtre, ce métier », *CRB*, n° 28, 1960, pp. 95–113.

60C3

« L'Acteur, athlète affectif », *CRB*, n° 29, 1960, pp. 86–95.
Traduction en italien : voir 60E3.

60C4

« Études : le Nô - le Bunraki - le Kabuki - le Ga-Gaku - les lutteurs de Sumo », *CRB*, n° 31, 1960, pp. 37–71.

60C5

« Feydeau ou sur le rire et l'observation », *CRB*, n° 32, 1960, pp. 74-5.

60C6

« Sur *L'État de siège* », *La Table ronde*, n° 146, févr. 1960, pp. 67-8.

60C7

« Le Frère », *La Nouvelle revue française*, n° 87, mars 1960, pp. 437–9.
Hommage à Albert Camus.

60C8

« Mon Racine », *La Revue de Paris*, oct. 1960, pp. 15–24.

60D1

« Conférence de presse chez Jean-Louis Barrault : “ *Le Rhinocéros* d'Ionesco n'est pas une pièce d'avant-garde mais la pièce de la stupidité ” », *Combat*, 13 janv. 1960, p. 2.

60D2

« Dans quel style monter Tchekhov? », *World Theatre*, IX, no. 2 Summer 1960, pp. 117-8.

Traduction en anglais : voir 60E1.

60E1

« In what style should Chekhov be staged? », *World Theatre*, IX, no. 2, Summer 1960, pp. 117-8.

Traduction de 60D2.

60E2

« Paul Claudel : Notizen zu persönlichen Erinnerungen », *Theater und Zeit*, VII, Nr. 8, Jan.–Apr. 1960, pp. 81–7, 101–7, 121–6, 141–9.

Traduit par Willi REICH.
Traduction de 53C4.

60E3

« Sport e rappresentazione drammatica », *Traquardi*, dic. 1960, pp. 26–36.

Traduction de 60C3.

60F1

Le Dialogue des Carmélites (dir. Père R. L. BRUCKBERGER et Philippe AGOSTINI).

Lux.
Figuration.

60F2

Le Miracle des loups (dir. André HUNEBELLE).

Pathé Cinéma.
Rôle : Louis XI.

60G1

La Cerisaie, de TCHEKHOV. Traduction de Georges NEVEUX. Mise en scène de Jean-Louis BARRAULT. Décors et costumes de Georges WAKHEVITCH.

Odéon-Théâtre de France. 10 mars 1960.
Reprise de 1954.
Voir 54G5.

60G2

Jules César, de SHAKESPEARE. Traduction d'Yves BONNEFOY. Mise en scène de Jean-Louis BARRAULT. Décors de BALTHUS. Costumes de Marie-Hélène DASTÉ. Musique de Maurice LEROUX.

Odéon-Théâtre de France. 27 octobre 1960.

60G3

Le Livre de Christophe Colomb, de Paul CLAUDEL. Mise en scène de Paul CLAUDEL. Décors de Max INGRAND. Costumes de Max INGRAND et Marie-Hélène DASTÉ. Musique de Darius MILHAUD.

Odéon-Théâtre de France. 7 septembre 1960.
Reprise de 1953.
Voir 53G1 et 75G3.
Reprise en 1975.
Voir 75G3.

60G4

Occupe-toi d'Amélie, de Georges FEYDEAU. Mise en scène de Jean-Louis BARRAULT. Décors de Félix LABISSE. Costumes de Jean-Denis MALCLÈS.

Odéon-Théâtre de France. 30 novembre 1960.
Reprise de 1948.
Voir 48G2.

60G5

Rhinocéros, d'Eugène IONESCO. Mise en scène de Jean-Louis BARRAULT. Décors et costumes de Jacques NOËL. Musique de Michel PHILIPPOT.

Odéon-Théâtre de France. 20 janvier 1960.
Reprise en 1978.
Voir 78G7.

1961

61A1

Je suis homme de théâtre. Paris, Éd. du Conquistador, 1961. 159 p.
Voir aussi 55A1.

61A2

Journal de bord : Japon, Israël, Grèce, Yougoslavie. Paris, Julliard, 1961. 221 p. (Coll. « Théâtre de France-Odéon »).

61A3

Le Phénomène théâtral. Oxford, Clarendon Press. 1961. 23 p. (« The Zaharoff Lecture for 1961 »).

61B1

« Racine, homme de théâtre », pp. 31–49 in Jean RACINE, *Théâtre complet* (Paris, Club du Livre, 1961. Vol. 1. 358 p. [Coll. « Le Club du livre. Héritage du temps »]).

61C1

« Manuscrit de scène du premier tableau du *Voyage* de Georges Schehadé : notes de mise en scène », *CRB*, n° 34, 1961, pp. 53–83.

61C2

« Ma Nouvelle profession de foi », *Le Figaro littéraire*, 28 oct. 1961, pp. 1, 23.

61D1

« Entrevista a Jean-Louis Barrault », *Sur*, núm. 272, set.-ott. 1961, pp. 184–9.
Propos recueillis par J. MASSON.

61E1

The Theatre of Jean-Louis Barrault. Translated by Joseph CHIARI. Pref. by Armand SALACROU. Londres, Barrie & Rockliff, 1961 ; New York, Hill & Wang, 1961. 244 p.
Traduction de 59A1.

61E2

« Why the French need Shakespeare », *Horizon*, IV, no. 1, Sept. 1961, pp. 102–9.

61G1

Amphitryon, de MOLIÈRE. Mise en scène de Jean-Louis BARRAULT. Décors et costumes de Christian BÉRARD. Musique de Francis POULENC.

Odéon-Théâtre de France. 25 octobre 1961.
Reprise de 1947.
Voir 47G1.

61G2

Guerre et poésie, spectacle poétique composé par Henri PICHETTE. Mise en scène de Jean-Louis BARRAULT.

Odéon-Théâtre de France. 6 avril 1961.

61G3

Judith, de Jean GIRAUDOUX. Mise en scène de Jean-Louis BARRAULT. Décors de Max ERNST. Costumes de Dorothea TANNING. Musique de Darius MILHAUD.

Odéon-Théâtre de France. 25 octobre 1961.

61G4

Mais n'te promène donc pas toute nue, de Georges FEYDEAU. Mise en scène de Jean-Louis BARRAULT. Décors de Félix LABISSE.

Odéon-Théâtre de France. 11 janvier 1961.

61G5

Le Marchand de Venise, de SHAKESPEARE. Traduction de Claude-André PUGET. Mise en scène de Marguerite JAMOIS. Décors et costumes de DOUKING. Musique de Claude ARRIEU.

Odéon-Théâtre de France. 20 septembre 1961.

61G6

Pantomime d'un sou, de Gilles SÉGAL. Mise en scène de Jean-Louis BARRAULT. Décors et costumes d'André ACQUART. Musique de Jean WIENER.

Odéon-Théâtre de France. 1er mars 1961.

61G7

Partage de midi, de Paul CLAUDEL. Mise en scène de Jean-Louis BARRAULT. Décors de Félix LABISSE. Costumes de Christian BÉRARD.

Odéon-Théâtre de France. 15 septembre 1961.
Reprise de 1948.
Voir 48G3.

61G8

Les Précieuses ridicules, de MOLIÈRE. Mise en scène de Jean-Pierre GRANVAL. Décors et costumes de Pierre DELBÉE.

Odéon-Théâtre de France. 9 février 1961.

61G9

Le Procès, de KAKFA, adaptation d'André GIDE et Jean-Louis BARRAULT. Mise en scène de Jean-Louis BARRAULT. Décors et costumes de Félix LABISSE. Musique de Joseph KOSMA et Pierre BOULEZ.

Odéon-Théâtre de France. 11 octobre 1961.
Reprise de 1947.
Voir 47G5.

61G10

Le Viol de Lucrèce, d'André OBEY. Mise en scène de Jean-Louis BARRAULT. Décors de Jean-Louis BARRAULT. Costumes d'André BARSACQ.

Odéon-Théâtre de France. 11 janvier 1961.

61G11

Le Voyage, de Georges SCHEHADÉ. Mise en scène de Jean-Louis BARRAULT. Décors et costumes de Jean-Denis MALCLÈS.

Odéon-Théâtre de France. 17 février 1961.

1962

62A1

Connaissance de Racine. Textes réunis et présentés par Jean-Louis BARRAULT. Paris, *Revue de la Compagnie Madeleine Renaud-Jean-Louis Barrault*, 1962. 105 p. (*Cahiers de la Compagnie Madeleine Renaud-Jean-Louis Barrault*, n° 40, 1962).

62B1

« Le Plus grand rôle de tous les temps : *Hamlet* », pp. 286–90 in *Shakespeare* (Paris, Hachette, 1962. 293 p. [Coll. « Génies et réalités »]).

62C1

« À la recherche d'Hamlet », *CRB*, n° 38, 1962, pp. 87–100.

Texte écrit à la demande de la revue *Réalités* pour le *Shakespeare* de la collection « Génies et réalités ».

62E1

Betrachtungen über das Theater. Zurich, Verlag der Arche, 1962. 101 p.

Traduction de 59A1.

62F1

Le Jour le plus long (dir. Andrew MARTON, Ken ANNAKIN, Bernhard WICKI, Darryl ZANUCK).

Fox.

Rôle : le Père Roulland.

62G1

Andromaque, de RACINE. Mise en scène de Jean-Louis BARRAULT. Décors et costumes de Bernard DAYDÉ.

Odéon-Théâtre de France. 7 novembre 1962.

62G2

Hamlet, de SHAKESPEARE. Traduction d'André GIDE. Mise en scène de Jean-Louis BARRAULT. Décors et costumes d'André MASSON. Musique d'Arthur HONNEGER.

Odéon-Théâtre de France. 15 mars 1962.
Reprise de 1946.
Voir 46G3.

62G3

La Nuit a sa clarté, de Christopher FRY. Traduction de Philippe DE ROTHSCHILD. Mise en scène de Jean-Louis BARRAULT. Décors et costumes de Jacques LE MARQUET. Musique de Joseph KOSMA.

Odéon-Théâtre de France. 24 mars 1962.

62G4

L'Orestie, d'ESCHYLE. Adaptation d'André OBEY. Mise en scène de Jean-Louis BARRAULT. Décors de Félix LABISSE. Costumes de Marie-Hélène DASTÉ. Masques de Amleto SARTORI et Petrus BRIDE. Musique de Pierre BOULEZ.

Odéon-Théâtre de France. 4 janvier 1962.
Reprise de 1955.
Voir 55G6.

62G5

Un Otage, de Brendan BEHAN. Traduction de Jean PARIS et Jacqueline SUNDSTROM. Mise en scène de Georges WILSON. Décors et costumes de Jacques LE MARQUET. Chorégraphie de Ursula KUBLER. Musique de Georges DELARUE.

Odéon-Théâtre de France. 14 février 1962.

62G6

La Révélation, de René-Jean CLOT. Mise en scène de Jean-Louis BARRAULT. Décors de Félix LABISSE. Costumes de Marie-Hélène DASTÉ.

Odéon-Théâtre de France. 24 mars 1962.

62G7

La Vie parisienne, de H. MEILHAC *et* L. HALÉVY. Mise en scène de Jean-Louis BARRAULT. Décors et costumes de Jean-Denis MALCLÈS. Musique d'OFFENBACH.

Odéon-Théâtre de France. 5 décembre 1962.
Reprise de 1958.
Voir 58G2.

1963

63C1

« Pierre Boulez », *CRB*, n° 41, 1963, pp. 3–6.
Voir aussi 54C1.

63C2

« Notre "Petite Salle" », *CRB*, n° 44, 1963, pp. 3–5.

63C3

« Il y a vingt ans *Le Soulier de satin* fut une révolution », *Le Figaro littéraire*, 12 oct. 1963, pp. 1, 7.

63C4

« Vaudoyer », *Bulletin de la Société Paul Claudel*, n° 14, oct. 1963, pp. 2-3.

63C5

« *Le Piéton de l'air* et *Le Roi se meurt* d'Ionesco : parallèle », *Les Entretiens sur le théâtre*, n° 6, 1963, pp. 1–4.

63D1

« Vingt ans déjà », *Les Lettres françaises*, 17–23 oct. 1963, p. 7.
Propos recueillis par Martine CADIEU.

63D2

« *Le Soulier de satin* : un entretien avec Jean-Louis Barrault », *Paris-presse - L'Intransigeant*, 1er nov. 1963, p. 11.
Propos recueillis par Anne ANDREU.

63D3

« Barrault fait ses débuts à l'Opéra », *Paris-presse - L'Intransigeant*, 30 nov. 1963, p. 18.
Propos recueillis par Anne ANDREU.

63E1

GIDE, André *and* Jean-Louis BARRAULT. *The Trial : a Dramatization Based on Franz Kafka's Novel.* Translated by Leon KATZ. New York, Schocken, 1963. 140 p. (« Schocken paperbacks », SB53).
Traduction de 48A1.
Voir aussi 50E4.

63E2

« Introducing *Vasco* », *Gambit*, no. 1, 1963, p. 4.

63G1

Divines paroles, de VALLE-INCLAN. Mise en scène de Roger BLIN. Décors d'André ACQUART.

Odéon-Théâtre de France. 21 mars 1963.

63G2

La Double inconstance, de MARIVAUX. Mise en scène de Jean-Pierre GRANVAL. Décors et costumes de Bernard EVEIN. Musique de Jean-Michel DAMASE.

Odéon-Théâtre de France. 27 février 1963.

63G3

Les Fourberies de Scapin, de MOLIÈRE. Mise en scène de Louis JOUVET. Décors et costumes de Christian BÉRARD. Musique d'Henri SAUGUET.

Odéon-Théâtre de France. 17 janvier 1963.
Reprise de 1949.
Voir 49G3.

63G4

Hommage à La Fontaine. Textes réunis par Jean-Louis BARRAULT. Mise en scène de Jean-Louis BARRAULT.

Odéon-Théâtre de France. 17 janvier 1963.

63G5

Oh ! les beaux jours, de Samuel BECKETT. Mise en scène de Roger BLIN. Décors de MATIAS.

Odéon-Théâtre de France. (Petite Salle). 21 octobre 1963.
Reprises en 1965 et en 1970.
Voir 65G5 et 70G5.

63G6

L'Ours, de TCHEKHOV. Traduction d'Elsa TRIOLET. Mise en scène de Jean DESAILLY.

Odéon-Théâtre de France. 27 février 1963.
Reprise de 1947.
Voir 47G3.

63G7

Les Parapluies, de Gilles SÉGAL. Mise en scène de Jean-Louis BARRAULT.

Odéon-Théâtre de France. 7 février 1963.

63G8

Le Piéton de l'air, de IONESCO. Mise en scène de Jean-Louis BARRAULT. Décors et costumes de Jacques NOËL. Effets spéciaux de Guy BERT. Musique de Georges DELARUE.

Odéon-Théâtre de France. 7 février 1963.

63G9

Le Soulier de satin, de Paul CLAUDEL. Mise en scène de Jean-Louis BARRAULT. Décors et costumes de Lucien COUTAUD. Musique d'Arthur HONNEGER.

Odéon-Théâtre de France. 17 octobre 1963.
Reprise de 1943.
Voir 43G1.

63G10

Tricoche et Cocolet, de H. MEILHAC *et* L. HALÉVY. Mise en scène de Jacques CHARON. Décors et costumes d'André LEVASSEUR. Musique de Jean-Michel DAMASE.

Odéon-Théâtre de France. 15 novembre 1963.

1964

64C1
« Une Confidence tirée à quinze millions d'exemplaires », *CRB*, nº 47, 1964, pp. 3–9.

64C2
« Portrait de Molière », *CRB*, nº 49, 1964, pp. 1–55.

64C3
« Portrait de La Fontaine », *CRB*, nº 49, 1964, pp. 56–104.

64D1
« An Interview with Jean-Louis Barrault », *First Stage*, no. 3, 1964, pp. 62–4.

Propos recueillis par Bettina KNAPP.

64F1
La Grande frousse (dir. Jean-Pierre MOCKY).

Pathé Cinéma.
Rôle : l'employé Douve.

64G1
Comme il vous plaira, de SHAKESPEARE. Adaptation de Jules SUPERVIELLE. Mise en scène de Jean-Pierre GRANVAL. Décors et costumes de Bernard EVEIN. Musique de Jean-Michel DAMASE.

Odéon-Théâtre de France. 8 janvier 1964.

64G2
Il faut passer par les nuages, de François BILLETDOUX. Mise en scène de Jean-Louis BARRAULT. Décors et costumes de René ALLIO et Claude LEMAIRE. Musique de Serge BAUDO.

Odéon-Théâtre de France. 21 octobre 1964.

64G3
Le Mariage de Figaro, de BEAUMARCHAIS. Mise en scène de Jean-Louis BARRAULT. Décors de Pierre DELBÉE. Costumes de Yves SAINT-LAURENT.

Odéon-Théâtre de France. 9 décembre 1964.

1965

65A1

BARRAULT, Jean-Louis *et* Simone BENMUSSA. *Odéon-Théâtre de France*. Paris, Éd. du Temps, 1965. 101 p. (Coll. « Les Guides du temps »).

65C1

« Une Répétition du *Château* », *CRB*, nº 50, févr. 1965, pp. 42–62.

65C2

« Cas de conscience devant Kafka », *CRB*, nº 50, févr. 1965, pp. 71–82.

Voir aussi 57C3.

65C3

« Fragments de *La Faim*, adaptation de Jean-Louis Barrault, d'après Knut Hamsun », *CRB*, nº 51, 1965, pp. 45–62.

Voir aussi 39C1 et 54C9.

65C4

« Claudel... aujourd'hui ou la reconversion », *CRB*, nº 51, 1965, pp. 63–74.

65C5

« *Numance* — 65 », *CRB*, nº 51, 1965, pp. 79–82.

65C6

« Vers Duras », *CRB*, nº 52, 1965, pp. 48–50.

65C7

« Des personnages lisibles », *Le Nouvel observateur*, 11 mars 1965, p. 24.

65C8

« Ceux qui savent dire non », *Le Nouvel observateur*, 27 oct.–2 nov. 1965, pp. 34-5.

65C9

« Le Métier », *Esprit*, XXXIII, nº 5, mai 1965, pp. 845–54. (Numéro spécial "*Notre théâtre*").

65C10

« *Numance*, trente ans après », *Tribune de Lausanne*, 7 nov. 1965, pp. 3–6.

65C11

« Du "Théâtre total" et de *Christophe Colomb* », *World Theatre*, XIX, no. 6, 1965, pp. 542–5.

Voir aussi 53C3 et 75C2.
Traduction en anglais : voir 65E1 et 73E4.

65D1

« Touch of magic : interview », *Opera News*, Sept. 25, 1965, pp. 8-9.

Propos recueillis par J. P. SMITH.

65E1

« On the "Total Theatre" and *Christopher Columbus* », *World Theatre*, XIV, no. 6, 1965, pp. 542–5.

Traduction de 53C3 et 65C11.
Voir aussi 73E4, 75C2 et 77E1.

65G1

L'Amérique, de KAFKA. Adaptation de Jean-Louis BARRAULT, d'après Max BROD. Mise en scène d'Antoine BOURSEILLER. Décors de Félix LABISSE. Musique de Jean PRODROMIDÈS.

Odéon-Théâtre de France. 4 mars 1965.

65G2

Des Journées entières dans les arbres, de Marguerite DURAS. Mise en scène de Jean-Louis BARRAULT. Décors de Joe DOWNING. Costumes de Yves SAINT-LAURENT.

Odéon-Théâtre de France. 1er décembre 1965.

65G3

Hommes et pierres, de Jean-Pierre FAYE. Mise en scène de Roger BLIN.

Odéon-Théâtre de France. 1er février 1965.

65G4

Numance, de CERVANTÈS. Adaptation de Jean CAU. Mise en scène de Jean-Louis BARRAULT. Décors et costumes d'André MASSON. Musique de José BERGHMANS.

Odéon-Théâtre de France. 3 novembre 1965.
Reprise de 1937.
Voir 37G1.

65G5

Oh ! les beaux jours, de Samuel BECKETT. Mise en scène de Roger BLIN. Décors de MATIAS.

Odéon-Théâtre de France (Petite Salle). 5 avril 1965.
Reprise de 1963.
Voir 63G5 et 70G5.

65G6

La Provinciale, de TOURGUENIEV. Traduction et mise en scène d'André BARSACQ. Décors de Jacques NOËL.

Odéon-Théâtre de France. 1er décembre 1965.

1966

66B1

« Une Intelligence physique du théâtre », pp. 40-1 in Paul Louis MIGNON, *Le Théâtre d'aujourd'hui de A à Z* (Paris, Éd. de l'Avant-scène, 1966. 304 p.).

66B2

STERNBERG, Jacques, Maurice TOESCA, Xavier GRALL. *Les Chefs-d'œuvre de l'amour sensuel.* Paris, Planète, 1966. 479 p. (Coll. « Anthologie Planète »).

Préface de Jean-Louis BARRAULT : pp. 11–21.

66C1

« Scandale et provocation », *CRB*, nº 54, 1966, pp. 14–29.

Sur *Les Paravents* de Jean Genet.

66C2

« Pas de théâtre politisé », *La Table ronde*, nº 220, mai 1966, pp. 54-5.

66C3

« Inauguration de la Place Claudel », *Bulletin de la Société Paul Claudel*, nº 23, juil.–sept. 1966, pp. 1–9.

Discours d'Albert CHAVANAC, Vladimir d'ORMESSON, Stanislas FUMET et Jean-Louis BARRAULT.

66D1

« Barrault nous parle du silence, du mensonge et du *Banquet* de Platon », *Le Figaro*, 29 déc. 1966, p. 10.

66E1

« With honor and insolence », *Opera News*, April 9, 1966, p. 17.

Traduit par J. GUTMAN.

66F1

Chappaqua (dir. Conrad ROOKS).

Rooks/Reginal.
Rôle : Dr Benoît.

66G1

Le Barbier de Séville, de BEAUMARCHAIS. Mise en scène de Jean-Pierre GRANVAL. Décors et costumes de Jean-Denis MALCLÈS. Musique de Serge BAUDO.
Odéon-Théâtre de France. 14 novembre 1966.

66G2

Henri VI, de SHAKESPEARE. Adaptation et mise en scène de Jean-Louis BARRAULT. Décors d'André ACQUART. Costumes de Marie-Hélène DASTÉ. Musique de Francis MIROGLIO.
Odéon-Théâtre de France. 30 novembre 1966.

66G3

Les Paravents, de Jean GENET. Mise en scène de Roger BLIN. Décors et costumes d'André ACQUART. Musique de José BERGHMANS.
Odéon-Théâtre de France. 16 avril 1966.

66G4

Ruzzante, retour de la guerre, de RUZZANTE. Traduction d'Alfred MORTIER. Mise en scène de Jean-Louis BARRAULT. Décors de SIMONINI. Costumes de Marie-Hélène DASTÉ.
Odéon-Théâtre de France. 14 novembre 1966.

66G5

Spectacle Beckett-Ionesco-Pinget. (Comédie — Va et vient; L'Hypothèse; La Lagune; Délire à deux). Auteurs : Samuel BECKETT, Robert PINGET, Eugène IONESCO. Mise en scène de Jean-Marie SERREAU, Pierre CHABERT, Jean-Louis BARRAULT. Décors de MATIAS et Jacques NOËL.
Odéon-Théâtre de France (Petite Salle). 28 février 1966.

1967

67A1

Saint-Exupéry. Spectacle réalisé par Jean-Louis Barrault d'après l'œuvre d'Antoine de Saint-Exupéry. CRB, n° 62, 1967, pp. 26–128.

Voir 67G3.

67C1

« Les Sept chevaux de lumière », *CRB*, n° 62, 1967, pp. 3–25.

Voir aussi 76C2.
Préface de 67A1.

67E1

Mein Leben mit dem Theater. Cologne, Kiepenheur u. Witsch, 1967. 206 p. (Coll. « Theater Werkbücher », Bd. 7). Übers. Robert PICHT.

Traduction de 49A2.

67E2

« Within the Event », pp. 269–75 in Daniel SELTZER (*ed.*), *The Modern Theatre. Readings and Documents* (Boston, Little, Brown and Co., 1967. 495 p.)

Extrait du chapitre III de 51E1 : *Reflections on the Theatre.*

67G1

Carmen, de BIZET. Libretto de H. MEILHAC *et* L. HALÉVY. Mise en scène de Jean-Louis BARRAULT.

Metropolitan Opera, New York.

67G2

Chicago ; *Drôle de Baraque*, de Sam SHEPARD *et* Adrienne KENNEDY. Traductions de Claude ZINS et Augy HAYTER. Mise en scène de Jean-Pierre GRANVAL et Jean-Marie SERREAU.

Odéon-Théâtre de France. (Petite Salle). 6 mars 1967.

67G3

Connaissance de Saint-Exupéry, d'après SAINT-EXUPÉRY. Textes réunis par Jean-Louis BARRAULT. Mise en scène de Jean-Louis BARRAULT.

Théâtre Maisonneuve (Montréal, Exposition 1967). 30 avril 1967.
Odéon, Petit Théâtre. 4 octobre 1967.
Voir aussi 67A1.

67G4

A Delicate Balance, d'Edward ALBEE. Traduction de Matthieu GALEY. Mise en scène de Jean-Louis BARRAULT. Décors de Pierre DELBÉE. Costumes de Yves SAINT-LAURENT.

Odéon-Théâtre de France. 25 octobre 1967.

67G5

Jeu d'enfant, de Carol BERNSTEIN. Mise en scène de Laurent TERZIEFF.

Odéon, Petit Théâtre. 7 février 1967.

67G6

Le Jeu des rôles, de PIRANDELLO. Traduction de Louise SERVICEM. Mise en scène de Giorgio DE LULLO. Décors et costumes de Pier Luigi PIZZI.

Odéon-Théâtre de France. 8 novembre 1967.

67G7

Médée, de SÉNÈQUE. Adaptation de Jean VAUTHIER. Mise en scène de Jorge LAVELLI. Décors et costumes de Michel RAFFAËLLI. Musique de Ianis ZENAKIS.

Odéon-Théâtre de France. 5 avril 1967.

67G8

Le Silence, le mensonge, de Nathalie SARRAUTE. Mise en scène de Jean-Louis BARRAULT.

Odéon-Théâtre de France. 5 avril 1967.

67G9

La Tentation de Saint-Antoine, de Gustave FLAUBERT. Adaptation et mise en scène de Maurice BÉJART. Décors d'André WOGENSKY et Martha PLAN. Costumes de Germinal CASADO.

Odéon-Théâtre de France. 10 mars 1967.

1968

68A1

Rabelais : "jeu dramatique" en deux parties tiré des Cinq Livres de François Rabelais. Paris, Gallimard, 1968. 207 p. (Coll. « Le Manteau d'Arlequin »).

Traduction en anglais : voir 71E1.
Traduction en allemand : voir 71E2.

68B1

Théâtre des Nations 1968. Paris, Société d'Impression, de Publicité et d'Édition, 1968. 160 p.

Introduction de Jean-Louis BARRAULT : pp. 3–13.

68C1

« Approches et distances : notes relevées dans Michelet pouvant servir à *Rabelais* », *CRB*, n° 67, 1968, pp. 3–81.

68C2

"*Voyage à Osaka*", *Nouvelles du Japon*, numéro spécial, avril 1968, pp. 8–10.

68C3

« Une Lettre de Jean-Louis Barrault : "J'ai choisi ma conduite" », *Le Figaro*, 24 mai 1968, p. 12.

68C4

« Réponse à Malraux : ce qui fait de nous des hommes libres », *Le Nouvel observateur*, 16–22 sept. 1968, pp. 44-5.

Traduction en anglais : voir 68E2.

68C5

« J'ai pris Rabelais dans sa totalité », *Le Figaro*, 4 déc. 1968, p. 28.

68D1

« Jean-Louis Barrault déplore de n'avoir reçu aucune initiative », *Le Monde*, 25 mai 1968, p. 10.

68D2

« Dialogue with Barrault », *Drama*, no. 89, Summer 1968, pp. 50–4.

Propos recueillis par Hovhannes PILIKIAN.

68D3

« Barrault après la tempête », *Le Figaro littéraire*, 21 oct. 1968, pp. 8–11.

68D4

« Une Déclaration de Jean-Louis Barrault sur l'affaire de l'Odéon », *Le Monde*, 22 oct. 1968, p. 10.

68D5

« Ma nouvelle profession de foi », *Les Nouvelles littéraires*, 28 nov. 1968, pp. 1, 7.

Propos recueillis par Lucien ATTOUN.

68E1

« The Phenomenon of theatre », *Yale/Theatre*, no. 2, Summer 1968, pp. 110–5.

Texte d'une conférence prononcée devant les étudiants de l'Université de Yale (États-Unis) le 9 décembre 1967.
Traduit par Michael FEINGOLD.

68E2

« What makes men free !... Barrault replies to Malraux », *Atlas*, XVI, no. 6, Dec. 1968, pp. 56-7.

Traduction de 68C4.

68G1

Rabelais, par Jean-Louis BARRAULT, d'après RABELAIS. Mise en scène de Jean-Louis BARRAULT. Chorégraphie de Valérie CAMILLE. Décors et costumes de MATIAS. Musique de Michel POLNAREFF.

Théâtre Élysée-Montmartre. 14 décembre 1968.
(Représentation également au National Theatre de Londres le 24 septembre 1969.)

68G2

Tête d'Or, de Paul CLAUDEL. Mise en scène de Jean-Louis BARRAULT. Décors et costumes d'André MASSON. Musique d'Arthur HONNEGER.

Odéon-Théâtre de France. 25 janvier 1968.
Reprise de 1959.
Voir 59G4.

68G3

Le Triomphe de la sensibilité, de GOETHE. Traduction de Jacques DECOUR. Mise en scène de Jorge LAVELLI. Décors et costumes de Michel RAFFAËLLI. Musique d'André CHAMOUX.

Odéon-Théâtre de France. 25 février 1968.

1969

69C1

« L'Homme théâtre... », *CRB*, n° 69, 1969, pp. 10–3.
Voir aussi 58C1.

69C2

« Dullin pape et martyr », *Les Nouvelles littéraires*, 4 déc. 1969, pp. 1, 7.

69C3

« Pour Dullin », *Les Lettres françaises*, 10 déc. 1969, pp. 16-7.

69D1

« In the words of Jean-Louis Barrault », *Cue Magazine*, Oct. 4, 1969, pp. 10–3.

69D2

« Jean-Louis Barrault : "Berlioz fait partie de ma famille" », *Le Figaro littéraire*, 31 mars–6 avril 1969, p. 19.
Propos recueillis par Jacques JAUBERT.

69D3

« Ma vie à la recherche du père », *Les Nouvelles littéraires*, 25 déc. 1969, pp. 1, 13.
Propos recueillis par Lucien ATTOUN.

1970

70A1

Jarry sur la Butte. Spectacle d'après les Œuvres complètes d'Alfred Jarry. Paris, Gallimard, 1970. 173 p. (Coll. « Le Manteau d'Arlequin »).

70C1

« Mise en scène de *Autour d'une mère* », *CRB*, n° 71, 1970, pp. 22–51.

70C2

« Conviction et malaise dans le théâtre contemporain », *CRB*, n° 71, 1970, pp. 52–91.

70C3

« De la liberté », *CRB*, n° 72, 1970, pp. 3–24.

70C4

« En relisant Artaud », *CRB*, n° 72, 1970, pp. 111–3.

70C5

« L'Hommage », *Les Lettres françaises*, 24 juin 1970, p. 14.

Sur Elsa Triolet.

70C6

« Préface pour *Jarry* », *Les Lettres françaises*, 28 oct. 1970, p. 15.

70D1

« "I have taken risks for thirty years"... Interview with Jean-Louis Barrault », *The New York Times*, May 17, 1970, Section 2, pp. 1, 5.

Propos recueillis par John Gruen.

70D2

« Interview with Jean-Louis Barrault », *Drama and Theatre*, vol. 9, no. 1, Fall 1970, pp. 2–4.

Propos recueillis par Rosette C. Lamont.

70D3

« Le "*Jarry*" de Barrault », *Combat*, 24 oct. 1970, p. 4.

Propos recueillis par J.-L. OLIVIER.

70D4

« Jean-Louis Barrault : "*Jarry*" : un Hamlet 1970 », *Paris-jour*, 3 nov. 1970, p. 6.

Propos recueillis par Claude COUDERC.

70D5

« Jean-Louis Barrault sur la Butte : "Je suis un dominicain hippie"... », *Le Soir*, 20 nov. 1970, p. 5.

Propos recueillis par Yvon TOUSSAINT.

70G1

En attendant Godot, de Samuel BECKETT. Mise en scène d'ARCADY.

Théâtre Récamier. 3 octobre 1970.
Reprise de 1961.

70G2

Haute surveillance, de Jean GENET. Mise en scène d'ARCADY.

Théâtre Récamier. 15 novembre 1970.

70G3

Jarry sur la Butte, d'Alfred JARRY. Adaptation et mise en scène de Jean-Louis BARRAULT. Décors et costumes de Jacques NOËL. Musique de Michel LEGRAND.

Théâtre Élysée-Montmartre. 27 octobre 1970.

70G4

La Mère, de S. I WITKIEWICZ. Mise en scène de Claude RÉGY. Décors de LE MARQUET, Madeleine RENAUD, Michel LONSDALE.

Théâtre Récamier. 17 novembre 1970.

70G5

Oh ! les beaux jours, de Samuel BECKETT. Mise en scène de Roger BLIN.

Théâtre Récamier. 19 février 1970.
Reprise de 1963 et 1965.
Voir 63G5 et 65G5.

70G6

Le Personnage combattant, de Jean VAUTHIER. Mise en scène de Jean-Louis BARRAULT.

Théâtre Récamier. 15 novembre 1970.
Reprise de 1956.
Voir 56G1.

1971

71B1

BERTIN, Pierre. *Le Théâtre et/est ma vie*. Propos recueillis par Robert TATRY. Paris, Le Bélier, 1971. 261 p.
Préface de Jean-Louis BARRAULT : pp. 9–12.

71B2

« Du fini... de l'ébauche » ; « Le Mime et la danse » ; « Théâtre... poésie de l'espace ? » ; « Mort de Jouvet », respectivement : pp. 85–7, 87–90, 90–5 et 95–9 in André FRANK, *Jean-Louis Barrault* (Paris, Seghers, 1971. 192 p. [Coll. « Théâtre de tous les temps, 15 »]).

71C1

« *Le Personnage combattant* », *CRB*, n° 76, 1971, pp. 58–64.
Voir aussi 55C4.

71C2

« Les Hippies anglais contestent *Rabelais*... Je suis poursuivi par la fatalité », *Le Figaro*, 26 mars 1971, p. 31.

71C3

« Louis Jouvet, le chef de famille », *Les Nouvelles littéraires*, 21 mai 1971, p. 14.

71C4

« La Victoire est totale », *Les Lettres françaises*, 9 juin 1971, p. 13.

71C5

« Elsa Triolet », *Europe*, n° 506, juin 1971, pp. 66–8.

71D1

« Jean-Louis Barrault », *The Times Saturday Review*, March 6, 1971, p. 17.
Propos recueillis par Ronald HAYMAN.

71D2

« Jean-Louis Barrault's *Rabelais* loses, gains in translation », *International Herald Tribune*, March 27, 1971, p. 6.
Propos recueillis par John WALKER.

71D3

« "Do what you will, for man is free" : Jean-Louis Barrault interviewed by Melinda Benedek », *Isis*, April 25, 1971, pp. 22-3.

71D4

« Genet avenged or how to survive in France. Jean-Louis Barrault talks to Peter Ansorge », *Plays and Players*, XVIII, no. 7, issue no. 211, April 1971, pp. 18–52.

71D5

« Jean-Louis Barrault : "Le théâtre donne l'illusion de la fortune" », *Le Figaro*, 28 mai 1971, p. 32.

Propos recueillis par Claude BAIGNIÈRES.

71D6

« Jean-Louis Barrault aux "Nations" », *Le Nouvel observateur*, 20–26 sept. 1971, p. 11.

Propos recueillis par Nicole BOULANGER.

71E1

Rabelais : A Dramatic Game in Two Parts Taken from the Five Books of François Rabelais. Translated by Robert BALDICK. Londres, Faber, 1971 ; New York, Hill and Wang, 1971. 120 p.

Traduction de 68A1.

71E2

Rabelais : dramatisches Spiel in zwei Teilen nach den fünf Büchern von François Rabelais. Deutsche Bearbeitung von Elmar TOPHOVEN. Francfort, Fischer, 1971. 130 p.

Traduction de 68A1.

1972

72A1

Souvenirs pour demain. Paris, Seuil; Montréal, Le Cercle du Livre Français, 1972. 382 p.

Traduction en allemand : voir 73E2.
Traduction en anglais : voir 74E1.

72A2

Mise en scène et commentaire : "Phèdre". Paris, Seuil, 1972. 231 p. (Coll. « Points »).

Voir aussi 46A1.

72C1

« *Sous le vent des Îles Baléares* », *CRB*, n° 80, 1972, pp. 3–10.

72C2

« Le Document de la semaine : Jean-Louis Barrault et ses "patrons" », *Le Nouvel observateur*, 10–16 avril 1972, pp. 79–81, 83, 85, 90-1, 97-8.

Extraits de 72A1 : *Souvenirs pour demain.*

72C3

« Théâtre des Nations », *Combat*, 17 avril 1972, p. 18.

72C4

« Claudel ou la liberté d'inspiration », *Le Figaro littéraire*, 22 juil. 1972, p. 7.

72C5

« Marcel Marceau, écrivain muet », *Pariscope*, 20 sept. 1972, p. 6.

72C6

« Jean-Louis Barrault présente *Sous le vent des Îles Baléares* », *Bulletin de la Société Paul Claudel*, n° 47-48, 1972, pp. 19–24.

72G1

Le Bourgeois gentilhomme, de MOLIÈRE. Mise en scène de Jean-Louis BARRAULT pour la Comédie-Française.

Jardin des Tuileries.

72G2

Sous le vent des Îles Baléares, de Paul CLAUDEL. Mise en scène de Jean-Louis BARRAULT.

Chapiteau du Cirque Fanni, Gare d'Orsay. Octobre 1972.

1973

73C1

« Le Bourgeois ou la poésie du rire », *Modern Drama*, XVI, no. 2, Sept. 1973, pp. 113–9.

Traduction en anglais : voir 73E1.

73C2

« Le Clairon de la répression culturelle », *Le Monde*, 11 mai 1973, pp. 1, 17.

73C3

« Une Mère, une amie, une femme », *Bulletin de la Société Paul Claudel*, n° 50, 1973, pp. 6-7.

73D1

« Barrault monte Molière à Vienne », *Journal de Genève*, 3 mars 1973, p. 19.

Propos recueillis par Philippe Deriaz.

73D2

« Jarry et son double », *Les Nouvelles littéraires*, 3 sept. 1973, p. 10.

Propos recueillis par Gérard Spiteri.

73D3

« Interview with Jean-Louis Barrault », *Studies in the Twentieth Century*, no. 11/12, Spring–Fall 1973, pp. 21–6.

Propos recueillis par Bettina Knapp.

73D4

« Entretien sur Kafka avec Barrault », *Obliques*, n° 3, 1973, pp. 60–3.

Propos recueillis par Sandra Solov.

73E1

« The Bourgeois of the poetry of laughter », *Modern Drama*, XVI, no. 2, Sept. 1973, pp. 217–20.

Traduit par Marilyn Craven et Wayne Fulks.
Traduction de 73C1.

73E2

Erinnerungen für Morgen. Francfort, Fischer Taschenbuch Verlag, 1973, 408 p.

Traduit par Ruth HENRY.
Rééd. en 1975.
Traduction de 72A1.

73E3

« Familiar memories of Paul Claudel », *Review of National Literatures*, VI, no. 2, 1973, pp. 73–82.

Traduit et adapté par Henri PEYRE.
Traduction de 53C4.

73E4

« Three early essays : "On Stanislavsky and Brecht" ; "Total theatre and *Christophe Columbus*"; "A Definition of the ideal spectator" », *Theatre Quarterly*, III, no. 10, April–June 1973, pp. 2–5.

(Trad. de 53C3, 65C11 et 75C2.)

73E5

Ich bin Theatermensch. Zürich, Die Arche, 1973. 128 p.

Traduit par Sonja BUTLER.
Traduction de 55A1.

73G1

Harold et Maude, de Colin HIGGINS. Traduction de Jean-Claude CARRIÈRE. Mise en scène de Jean-Louis BARRAULT. Arrangements musicaux de Serge FRANKLIN. Costumes de Yves SAINT-LAURENT et Pierre CARDIN.

Festival de Bordeaux. 8 octobre 1973.
Théâtre Récamier. 5 novembre 1973.

1974

74A1

CLAUDEL, Paul. *Correspondance Paul Claudel — Jean-Louis Barrault.* Introduction et notes de Michel LIOURE. Paris, Gallimard, 1974. 417 p. (Coll. « Cahiers Paul Claudel », 10).

Préface de Jean-Louis BARRAULT : pp. 5–7.

74B1

CARNÉ, Marcel. *Drôle de drame*. Paris, Balland, 1974. 255 p. (Coll. « Bibliothèque des classiques du cinéma »).

Préface de Jean-Louis BARRAULT : pp. 7–9.

74C1

« *Harold et Maude* », *CRB*, n° 84, 1974, pp. 7-8.

74C2

« Notes d'été 73 », *CRB*, n° 84, 1974, pp. 15–109.

74C3

« Notes d'été, *suite* », *CRB*, n° 85, 1974, pp. 95–116.

74C4

« Notes », *CRB*, n° 87, 1974, pp. 5–35.

Sur *Ainsi parlait Zarathoustra*, de Nietzsche.

74C5

« Histoire d'un rond », *Combat*, 25 mars 1974, p. 13.

74C6

« Souhaits pour le Théâtre d'Orsay », *Les Nouvelles littéraires*, 25 mars 1974, p. 10.

74C7

« *Zarathoustra* : un hymne à la joie », *Le Figaro*, 26 oct. 1974, p. 16.

74C8

« Débat avec la participation de Jean-Louis Barrault sur le spectacle *Sous le vent des Îles Baléares* », *Bulletin de la Société Paul Claudel*, n° 52, 1974, pp. 8–24.

74D1

« L'Interview de *Playboy* : Jean-Louis Barrault », *Playboy*, avril 1974, pp. 15–32.

74E1

Memories of Tomorrow. Translated by Jonathan GRIFFIN. Londres, Thames and Hudson; New York, Dutton, 1974. 336 p.

Traduction de 72A1.

74G1

Ainsi parlait Zarathoustra, d'après NIETZSCHE. Adaptation de Jean-Louis BARRAULT. Décors et costumes de MATIAS. Morceaux filmés de Pierre-Jean DE SAN BARTOLOMÉ. Masques de Hector PASQUALE. Musique de Pierre BOULEZ. Directeur musical, Michel FANO.

Théâtre d'Orsay. 6 novembre 1974.

74G2

Isabella Mora, d'André PIEYRE DE MANDIARGUES. Mise en scène de Jean-Louis BARRAULT. Costumes de PACE. Musique de GESUALDO.

Théâtre Récamier. Avril 1974.

74G3

Le Suicidaire, de Nicolaï ERDMAN. Adaptation de Maya MINOUSTCHINE. Mise en scène de Jean-Pierre GRANVAL. Décors de MATIAS. Costumes de Nicole BISE et Yvette GORBATCHEFF. Musique de Serge FRANKLIN.

Théâtre Récamier. 6 février 1974.

1975

75A1

Ainsi parlait Zarathoustra d'après NIETZSCHE. Adaptation pour la scène de Jean-Louis BARRAULT. Paris, Gallimard, 1975. 143 p. (Coll. « Le Manteau d'Arlequin »).

75A2

Comme je le pense. Paris, Gallimard, 1975. 255 p. (Coll. « Idées », 329).

75C1

« Paul Claudel et *Christophe Colomb* », *CRB*, n° 88, 1975, pp. 21–3.

Voir aussi 53C2.
Traduction en anglais : voir 77E1.

75C2

« Du "Théâtre total" et de *Christophe Colomb* », *CRB*, n° 88, 1975, pp. 24–42.

Voir aussi 53C3 et 65C11.
Traduction en anglais : voir 73E4 et 77E1.

75C3

« Le Jeu de la dernière minute », *CRB*, n° 88, 1975, pp. 43–7.

Voir aussi 53C10.

75C4

« Comme un voyageur », *CRB*, n° 88, 1975, pp. 49–52.

Traduction en anglais : voir 77E1.

75C5

« Silence et solitude », *CRB*, n° 89, 1975, pp. 4-5.

75C6

« L'Aboutissement d'un long désir », *CRB*, n° 90, 1975, pp. 7–18.

Sur *Les Nuits de Paris* de Restif de la Bretonne.

75C7

« De tous les arts le plus proche de la vie », *Le Figaro littéraire*, 4 janv. 1975, p. 14.

75C8

« Il y a vingt ans, Paul Claudel », *Le Figaro littéraire*, 1er mars 1975, p. 15.

75C9

« À propos d'une reprise : *Intermezzo*, c'est Giraudoux lui-même », *Cahiers Jean Giraudoux*, nº 4, 1975, pp. 63-4.

Voir aussi 55C15.

75G1

C'est beau, de Nathalie SARRAUTE. Mise en scène de Claude RÉGY.

Théâtre d'Orsay. 24 octobre 1975.

75G2

La Dernière bande, de Samuel BECKETT. Mise en scène de Samuel BECKETT.

Théâtre d'Orsay. 26 novembre 1975.

75G3

Le Livre de Christophe Colomb, de Paul CLAUDEL. Mise en scène de Jean-Louis BARRAULT. Costumes de Marie-Hélène DASTÉ. Musique de Darius MILHAUD. Directeur musical, André GIRARD.

Théâtre d'Orsay. Février 1975.
Reprises de 1953 et 1960.
Voir 53G1 et 60G3.

75G4

Les Nuits de Paris, de RESTIF DE LA BRETONNE. Adaptation de Jean-Claude CARRIÈRE. Mise en scène de Jean-Louis BARRAULT. Décors et costumes de Ghislain UHRY. Musique de Serge FRANKLIN.

Théâtre d'Orsay. 11 décembre 1975.

75G5

Pas moi, de Samuel BECKETT. Mise en scène de Samuel BECKETT.

Théâtre d'Orsay. 11 décembre 1975.

1976

76B1

BÉART, Guy. *Couleurs et colères du temps. L'intégrale des poèmes et chansons*. Paris, Seghers, 1976. 279 p.

Textes de présentation par Jean-Louis BARRAULT, *et al.*

76B2

« Mes rencontres avec Molière », pp. 211–31 in *Molière* (Paris, Hachette, 1976 [Coll. « Génies et réalités »]).

76C1

« Le Roman adapté au théâtre », *CRB*, n° 91, 1976, pp. 27–58.

76C2

« Les Sept chevaux de lumière », *CRB*, n° 92, 1976, pp. 110-1.

Voir aussi 67C1.

76C3

« "Dear Peter Hall" », *The Listener*, vol. 95, no. 2449, March 18, 1976, pp. 335-6.

76D1

« Rencontre avec Marguerite Duras, Madeleine Renaud, Jean-Louis Barrault, les spectateurs et comédiens de la Compagnie Renaud-Barrault », *CRB*, n° 91, 1976, pp. 3–26.

Discussion sur *L'Amante anglaise*.

76D2

« Jean-Louis Barrault : "l'école buissonnière" », *L'Express*, 23–29 févr. 1976, pp. 39–41.

Propos recueillis par Caroline ALEXANDER.

76D3

« The Free-form theater of Jean-Louis Barrault », *Women's Wear Daily*, May 7, 1976, p. 64.

Propos recueillis par Howard KISSEL.

76G1

L'Amante anglaise, de Marguerite DURAS. Mise en scène de Claude RÉGY.

Théâtre d'Orsay. 27 septembre 1976.

76G2

Chryssothémis, de Yannis RITSOS. Traduction de Mimica CRANAKI. Mise en scène de Pierre TABARD et Catherine SELLERS.

Théâtre d'Orsay. 8 octobre 1976.

76G3

Equus, de Peter SHAFFER. Traduction de Matthieu GALEY. Mise en scène de John DEXTER et Riggs O'HARA. Décors et masques de John NAPIER. Musique de Marc WILKINSON.

Théâtre d'Orsay. 5 novembre 1976.

76G4

Madame de Sade, de Yukio MISHIMA. Traduction d'André PIEYRE DE MANDIARGUES. Mise en scène de Jean-Pierre GRANVAL.

Théâtre d'Orsay. 7 novembre 1976.

76G5

Portrait de Dora, d'Hélène CIXOUS. Mise en scène de Simone BENMUSSA.

Théâtre d'Orsay. 5 février 1976.

1977

77C1

« Boston-Concord », *CRB*, n° 94, 1977, pp. 27–39.

77C2

« L'Amérique d'Emerson, Thoreau, Whitman, Melville : Montage », *CRB*, n° 94, 1977, pp. 40–89.

77C3

« La Vie offerte. Anthologie poétique du comédien avec Madeleine Renaud et Jean-Louis Barrault », *CRB*, n° 95, 1977, pp. 1–62.

77C4

« Les Libertés de La Fontaine », *CRB*, n° 95, 1977, pp. 63–127.

Choix de textes et présentation de Jean-Louis BARRAULT.

77C5

« Journal de bord de la Compagnie : tournée au Japon 1977 », *CRB*, n° 96, 1977, pp. 85–125.

77D1

« Entretien avec Jean-Louis Barrault portant sur son amour du théâtre. Aperçu de sa carrière », *Christiana*, n° 321, avril 1977, pp. 24-5.

Propos recueillis par Jean-Louis MANCEAU.

77D2

« Entretien avec Jean-Louis Barrault et Gaston Ferdière », *La Tour de feu*, n° 136, déc. 1977, pp. 153–9.

Propos recueillis par Pierre CHALEIX.

77E1

« Three texts on the theater of Paul Claudel », *Gambit*, vol. 8, no. 30, 1978, pp. 11–23.

Comprend : « The Concept of total theatre and Christopher Columbus » (traduction de 53C3) ; « Paul Claudel and Christopher Columbus » (traduction de 53C2) ; « Like a traveller » (traduction de 75C4).

77G1

L'Éden-cinéma, de Marguerite DURAS. Mise en scène de Claude RÉGY. Théâtre d'Orsay. Cinématographie de Jacques LE MARQUET. Musique de Carlos d'ALESSIO.

Théâtre d'Orsay. 20 octobre 1977.

77G2

Le Nouveau Monde, de VILLIERS DE L'ISLE-ADAM. Mise en scène de Jean-Louis BARRAULT. Décors et costumes de PACE. Musique de Serge FRANKLIN. Directeur musical, Serge FRANKLIN. Morceaux filmés de Michel BOYER et Roger DORMOY.

Théâtre d'Orsay. 8 février 1977.

77G3

La Plage, de Severo SARDUY. Mise en scène de Simone BENMUSSA.

Théâtre d'Orsay. 8 mars 1977.

77G4

La Vie offerte; Anthologie poétique. Montage et mise en scène de Jean-Louis BARRAULT.

Théâtre d'Orsay. 27 septembre 1977.

77G5

La Vie singulière d'Albert Nobs, de Simone BENMUSSA, tiré d'une nouvelle de George MOORE. Mise en scène de Simone BENMUSSA.

Théâtre d'Orsay. 22 novembre 1977.

1978

78C1
« Rhinocéros : un cauchemar burlesque », *CRB*, nº 97, 1978, pp. 41–6.

78C2
« *Zadig ou la destinée* », *CRB*, nº 98, 1978, pp. 5–11.

78D1
« Entretien avec Jean-Louis Barrault », *CRB*, nº 98, 1978, pp. 63–6.
Propos recueillis par Ahmad Kamyaki MASK.

78D2
« Eugène Ionesco et Jean-Louis Barrault : dialogue sur le théâtre », *The French Review*, vol. 51, no. 4, March 1978, pp. 514–28.
Propos recueillis par Jean VALLIER.

78G1
Crénom, spectacle pour Baudelaire. Mise en scène d'Antoine BOURSEILLER.
Théâtre d'Orsay. 8 novembre 1978.

78G2
Les Dames de Julietta Jerome dans le gouffre, de Catherine DASTÉ. Mise en scène de Catherine DASTÉ.
Théâtre d'Orsay. 9 décembre 1978.

78G3
Le Dépeupleur, de Samuel BECKETT. Mise en scène de Pierre TABARD.
Théâtre d'Orsay. 21 novembre 1978.

78G4
Diderot à cœur perdu, d'Élizabeth DE FONTENAY, d'après DIDEROT. Mise en scène de Jean-Louis BARRAULT.
Théâtre d'Orsay. 16 janvier 1978.

78G5
Esther, de Jean RACINE. Mise en scène de Jacques BAILLON.
Théâtre d'Orsay. 28 mars 1978.

78G6

Les Portes du soleil, d'Alejo CARPENTIER. Mise en scène de Michael LONSDALE.

Théâtre d'Orsay. 31 janvier 1978.

78G7

Rhinocéros, d'Eugène IONESCO. Mise en scène de Jean-Louis BARRAULT. Décors de Jacques NOËL. Musique de Michel PHILIPPOT.

Théâtre d'Orsay. 10 janvier 1978.
Reprise de 1960.
Voir 60G5.

78G8

Zadig ou la destinée, de VOLTAIRE. Adaptation de Georges COULONGES. Mise en scène de Jean-Louis BARRAULT. Chorégraphie de Quentin ROUILLIER. Décors et costumes de PACE. Musique de Serge FRANKLIN.

Théâtre d'Orsay. 17 octobre 1978.

1979

79C1

« Le Corps magnétique », *CRB*, n° 99, 1978, pp. 71–136.

79G1

Apparences, de Simone BENMUSSA, d'après Henry JAMES. Mise en scène de Simone BENMUSSA.

Théâtre d'Orsay. 9 novembre 1979.

79G2

Le Langage du corps, par Jean-Louis BARRAULT. Mise en scène de Jean-Louis BARRAULT.

Théâtre d'Orsay. 13 novembre 1979.

79G3

Wings, de Arthur KOPIT. Adaptation de Matthieu GALEY. Mise en scène de Claude RÉGY.

Théâtre d'Orsay. 19 octobre 1979.

1980

80C1

« Manuscrit des notes de mise en scène : version de 1943 », *CRB*, n° 100, 1980, pp. 39–59.

Notes de mise en scène pour *Le Soulier de satin* joué au Théâtre d'Orsay, le 20 janvier 1980.

80G1

Elle est là, de Nathalie SARRAUTE. Mise en scène de Claude RÉGY.

Théâtre d'Orsay. 15 janvier 1980.

80G2

Le Soulier de satin, de Paul CLAUDEL. Mise en scène de Jean-Louis BARRAULT pour les trois premières Journées, de Jean-Pierre GRANVAL pour la quatrième Journée.

Version intégrale.
Théâtre d'Orsay. 20 janvier 1980.

1981

81C1

« Passagers en transit », *CRB*, n° 101, 1981, pp. 5–24.

81C2

« Bulletin de la dernière minute. *L'Amour de l'amour...* », *CRB*, n° 101, 1981, pp. 73–5.

À l'occasion de la mise en scène de *L'Amour de l'amour* d'après APULÉE, LA FONTAINE et MOLIÈRE.

81C3

« Le Nô », *CRB*, n° 102, 1981, pp. 48–66.

81D1

« Interview avec Jean-Louis Barrault réalisée à Marseille le 16 octobre 1981 », pp. 24–6 in *Madeleine Renaud - Jean-Louis Barrault comédiens* (Marseille, Musée Provençal du Cinéma, 1981. 55 p.).

81F1

Rendez-vous à Varennes (*La Nuit de Varennes*) (dir. Ettore SCOLA).

Gaumont/Columbia.
Rôle : Restif de La Bretonne.

81G1

L'Amour de l'amour, d'après APULÉE, LA FONTAINE, MOLIÈRE. Spectacle de Jean-Louis BARRAULT.

Théâtre du Rond-Point. 27 mars 1981.

81G2

Le Langage du corps, par Jean-Louis BARRAULT.

Théâtre du Rond-Point. 21 octobre 1981.

81G3

La Mort d'Ivan Illitch, d'après TOLSTOÏ. Mise en scène de Simone BENMUSSA.

Théâtre du Rond-Point. 25 mai 1981.

81G4

Nos merveilleux amis, de Kobo ABE. Adaptation de Pol QUENTIN. Mise en scène de Jean-Pierre GRANVAL.
Théâtre du Rond-Point. 21 octobre 1981.

81G5

Virginia, d'Edna O'BRIEN. Traduction de Guy DUMUR. Mise en scène et scénographie de Simone BENMUSSA.
Théâtre du Rond-Point. 12 novembre 1981.

1982

82B1

COULONGES, Georges. *Les Strauss*. Paris, Librairie Théâtrale, 1982. 88 p. (Coll. « Éducation et Théâtre. Théâtre du répertoire », 75).

Préface de Jean-Louis BARRAULT : pp. 5-6.

82C1

« La Conscience humaine et la raison d'État », *CRB*, n° 103, 1982, pp. 5–15.

82C2

« Le Cheval », récit de Léon TOLSTOÏ. Adaptation scénique de Jean-Louis BARRAULT, *CRB*, n° 103, 1982, pp. 77–151.

82C3

« La Maison Internationale du Théâtre », *CRB*, n° 103, 1982, pp. 152–4.

82C4

« Danser la vie », *CRB*, n° 104, 1982, pp. 5–18.

Article écrit à l'occasion de la mise en scène de *Les Strauss*.

82C5

« Travailler avec Paul Claudel », *Europe*, n° 635, mars 1982, pp. 16–30.

82G1

L'Ambassade, de Slawomir MROZEK. Mise en scène de Laurent TERZIEFF. Décors d'André ACQUART.

Théâtre du Rond-Point. 8 octobre 1982.

82G2

Antigone, toujours, de Pierre BOURGEADE, d'après SOPHOCLE. Mise en scène de Jean-Louis BARRAULT. Décors et costumes d'André ACQUART. Effets cinématographiques de Michel BOYER. Musique de Jean-Pierre DROUET.

Théâtre du Rond-Point. 3 février 1982.

82G3

Camera oscura, spectacle conçu et mis en scène par Simone BENMUSSA, d'après des textes de Gertrude STEIN.

Théâtre du Rond-Point. 3 décembre 1982.

82G4

Une Femme, de Camille CLAUDEL. Mise en scène d'Anne DELBÉE.

Théâtre du Rond-Point. 9 mars 1982.

82G5

Fin de partie, de Samuel BECKETT. Mise en scène de Guy RÉTORÉ.

Théâtre du Rond-Point. 7 septembre 1982.

82G6

Les Strauss, de Georges COULONGES. Mise en scène de Jean-Louis BARRAULT. Décors d'Anne SURGERS. Costume de TIRELLI. Illustration musicale d'Adolphe SIBERT.

Théâtre du Rond-Point. 15 octobre 1982.

1983

83C1

« Les Écorchés de la sympathie », *CRB*, n° 106, 1983, pp. 100–3.

83C2

« À propos d'*Angelo* », *CRB*, n° 108, 1983, pp. 65–72.

83C3

« Moteur, chauffeur et carrosserie, une fantaisie », *CRB*, n° 108, 1983, pp. 78–83.

83D1

« Dialogue avec Marie-Hélène Dasté, Madeleine Renaud et Jean-Louis Barrault (journées claudéliennes de Brangues, 4–6 septembre 1982) », *Bulletin de la Société Paul Claudel*, n° 90, 1983, pp. 1–15.

83G1

Les Affaires sont les affaires, d'Octave MIRBEAU. Mise en scène de Pierre DUX. Décors de Georges WAKHEVITCH. Costumes d'Yvonne SASSINOT DE NESLE.

Théâtre du Rond-Point. 15 octobre 1983.

83G2

L'Âme et la Danse, de Paul VALÉRY. Spectacle de Jean-Louis BARRAULT. Musique de Jean-Pierre DROUET. Chorégraphie de Savitry NAÏR.

Théâtre du Rond-Point. 15 avril 1983.

83G3

Berceuses, de Samuel BECKETT. Mise en scène de Pierre CHABERT.

Théâtre du Rond-Point. 15 septembre 1983.

83G4

Catastrophe, de Samuel BECKETT. Mise en scène de Pierre CHABERT.

Théâtre du Rond-Point. 15 septembre 1983.

83G5

Dylan, de Sidney MICHALES. Adaptation de Pol QUENTIN. Mise en scène de Jean-Pierre GRANVAL. Décors et costumes de Ghislain UHRY.

Théâtre du Rond-Point. 14 janvier 1983.

83G6

Les Exilés, de James JOYCE. Adaptation de J. D. DE LA ROCHEFOUCAULT. Mise en scène d'Andréas VOUTSINAS. Décors de PACE. Costumes d'Hector PASCUAL.

Théâtre du Rond-Point. 28 avril 1983.

83G7

Impromptu d'Ohio, de Samuel BECKETT. Mise en scène de Pierre CHABERT.

Théâtre du Rond-Point. 15 septembre 1983.

83G8

Joséphine, la cantatrice, d'après KAFKA. Mise en scène d'Andrew DEGROAT. Musique d'Alan LLOYD.

Théâtre du Rond-Point. 7 juin 1983.

83G9

Lettres d'une mère à son fils, de Marcel JOUHANDEAU. Texte établi par François BOURGEAT. Mise en scène de Jean-Pierre GRANVAL. Décors d'Alain BATIFOULIER.

Théâtre du Rond-Point. 1er décembre 1983.

83G10

Savannah Bay, de Marguerite DURAS. Mise en scène de Marguerite DURAS. Décors de Roberto PLATE. Costumes d'Yves SAINT-LAURENT.

Théâtre du Rond-Point. 27 septembre 1983.

1984

84A1

Saisir le présent. Paris, Laffont, 1984. 233 p. (Coll. « À jeu découvert »).

84B1

« L'Art du théâtre est la science du comportement des êtres humains », pp. 183–8 in Jean-Pierre ALTHAUS, *Voyage dans le théâtre* (Paris, P.M. Favre, 1984. 244 p. [Coll. « Les Planches »]).

84B2

HAMBURGER, Jean. *Le Dieu foudroyé : théâtre*. Paris, Flammarion, 1984. 104 p.

Préface de Jean-Louis BARRAULT : pp. 7–9.

84C1

« Le Corps humain, cet instrument », *Revue des sciences morales et politiques*, n° 139, 1984, pp. 587–600.

84G1

Angelo, tyran de Padoue, de Victor HUGO. Mise en scène de Jean-Louis BARRAULT. Décors et costumes de Ghislain UHRY.

Théâtre du Rond-Point. 6 janvier 1984.

84G2

Compagnie, de Samuel BECKETT. Mise en scène de Pierre CHABERT.

Théâtre du Rond-Point. 15 novembre 1984.

84G3

Enfance, d'après le livre de Nathalie SARRAUTE. Adaptation et mise en scène de Simone BENMUSSA. Décors d'Antoni TAULÉ.

Théâtre du Rond-Point. 9 février 1984.

84G4

Pense à l'Afrique, de Gordon DRYLAND. Adaptation de Pierre LAVILLE. Mise en scène de Jean-Pierre GRANVAL. Décors de Ghislain UHRY.

Théâtre du Rond-Point. 16 mars 1984.

84G5
Salle obscure, de Pierre PHILIPPE. Mise en scène de Pierre PHILIPPE. Théâtre du Rond-Point. 28 septembre 1984.

1985

85C1

« *Les Oiseaux...* Aristophane », *CRB*, n° 109, 1985, pp. 5–9.

85C2

« Charles Dullin, jardinier d'hommes », *CRB*, n° 109, 1985, pp. 51–68.

85C3

« Le Silence de la vie », *CRB*, n° 109, 1985, pp. 113–9.

85C4

« Pour en rire ! Récit d'un rêve », *CRB*, n° 109, pp. 120–7.

85C5

« Quoi de nouveau au théâtre? — Aristophane », *Le Figaro*, 20 févr. 1985, p. 31.

85C6

« Un Enfant obstiné », *L'Arc*, n° 98, 1985, pp. 56-7.

85D1

« *Les Oiseaux* », *Acteurs*, 25 mai 1985, pp. 16-7.

Propos recueillis par Irène SADOWSKA-GUILLON.

85D2

« Le Visage et le corps », pp. 181-2 in *Le Masque. Du rituel au théâtre*. Ouvrage collectif présenté par Odette ASLAN et Denis BABLET (Paris, C.N.R.S., 1985. 306 p. [Coll. « Arts du spectacle »]).

85G1

Les Apparences sont trompeuses, de Thomas BERNHARD. Adaptation d'Édith DARNAUD et Daniel BENOIN. Mise en scène de Daniel BENOIN. Décors de Jean-Marie POUMEYROL. Costumes de Béatrice RAVARD. Coproduction avec la Comédie de Saint-Étienne et La Rose des Vents.

Théâtre du Rond-Point. 22 octobre 1985.

85G2

L'Arbre des tropiques, de Yukio MISHIMA. Traduction d'André PIEYRE DE MANDIARGUES. Mise en scène de Jean-Pierre GRANVAL.
Théâtre du Rond-Point. 7 février 1985.

85G3

Le Cid, de CORNEILLE. Mise en scène de Francis HUSTER. Décors de Pierre-Yves LE PRINCE. Costumes de Dominique BORG. Musique de Dominique PROBST.
Théâtre du Rond-Point. 26 novembre 1985.

85G4

Les Cinq Nô modernes, de Yokio MISHIMA. Mise en scène de Maurice BÉJART.
Théâtre du Rond-Point. 11 janvier 1985.

85G5

Maître Harold, de Athol FUGARD. Texte français de Valérie LUMBROSO. Mise en scène de Jack GARFEIN. Décors de MATIAS.
Théâtre du Rond-Point. 25 octobre 1985.

85G6

La Musica — Version 1985, de Marguerite DURAS. Mise en scène de Marguerite DURAS. Décors de Roberto PLATE.
Théâtre du Rond-Point. 14 mars 1985.

85G7

Les Oiseaux, d'après ARISTOPHANE. Adaptation de Pierre BOURGEADE. Mise en scène de Jean-Louis BARRAULT. Dispositif scénique de PACE. Costumes de Jacques SCHMIDT et Emmanuel PEDUZZI. Musique de Georges AURIC.
Théâtre du Rond-Point. 26 février 1985.

85G8

Retour à Florence, de Henry JAMES. Version scénique de Jean PAVANS et Simone BENMUSSA. Mise en scène et décor de Simone BENMUSSA.
Théâtre du Rond-Point. 17 décembre 1985.

85G9

Le Voyage sans fin, de Monique WITTIG. Mise en scène de Monique WITTIG et Sande ZEIG.
Théâtre du Rond-Point. 21 mai 1985.

1986

86B1

HUE, Jean-Pierre. *Le Théâtre et son droit.* Paris, Librairie Théâtrale, 1986. 207 p.

Préface de Jean-Louis BARRAULT : pp. 5-6.

86C1

« Du désir à la tendresse », *CRB*, n° 112, 1986, pp. 116–34.

86D1

Artaud, Blin, Beckett ou le plus grand auteur dramatique des temps modernes, *Revue d'esthétique* (numéro spécial hors-série sur Beckett), pp. 175–8.

Propos recueillis par Pierre CHABERT.

86G1

Hommage à Beckett. (*Catastrophe - Berceuse - Impromptu d'Ohio - Quoi où*). Mise en scène de Pierre CHABERT.

Théâtre du Rond-Point. 22 avril 1986.

86G2

Pour un oui ou pour un non, de Nathalie SARRAUTE. Mise en scène de Simone BENMUSSA. Décors d'Antoni TAULÉ.

Théâtre du Rond-Point. 17 février 1986.

86G3

Le Printemps du Théâtre, de David STOREY. Mise en scène de Chantal MOREL par le Groupe Alertes.

Théâtre du Rond-Point. 11 juin 1986.

86G4

Reviens James Dean reviens !, de Ed CRACZYK. Mise en scène d'Andréas VOUTSINAS.

Co-production Théâtre national de Marseille et Théâtre des Cinquante.
Théâtre du Rond-Point. 5 mai 1986.

1987

87D1

« Entretien avec Jean-Louis Barrault à Marseille le 5 juin 1984 », pp. 275–89 in Marie-Claude HUBERT, *Langage et corps fantasmé dans le théâtre des années cinquante : Ionesco, Beckett, Adamov, suivi d'entretiens avec Eugène Ionesco et Jean-Louis Barrault.* Préface d'Eugène IONESCO (Paris, Corti, 1987. 296 p.).

87F1

Vive la France. Jean-Louis Barrault. A man of the theatre. From Beckett to Artaud. A portrait of the actor.

Film de 60 mn sur la carrière de Jean-Louis Barrault.

Comprenant des interviews de Jean-Pierre AUMONT, Jeanne MOREAU et Madeleine RENAUD.

Présenté sur la chaîne de télévision américaine WNET (International Division) le 18 avril 1987.

87G1

Richard de Gloucester, d'après *Richard III* de William SHAKESPEARE, écrit et mis en scène par Francis HUSTER.

Théâtre du Rond-Point. 10 septembre 1987.

87G2

Le Théâtre de foire, d'après des textes de LESAGE et d'ORNEVAL, réunis par Dominique LUREL. Mise en scène de Jean-Louis BARRAULT.

Théâtre du Rond-Point. 15 octobre 1987.

CRITIQUE

1935

ARNOUX, Alexandre, « *Autour d'une mère* », *Les Nouvelles littéraires*, 15 juin 1935, p. 8.

ARTAUD, Antonin, « *Autour d'une mère*, action dramatique de Jean-Louis Barrault », *La Nouvelle revue française*, 1er juil. 1935, pp. 136–8.
Voir aussi 1978.

FRANK, André, « Au Théâtre Montmartre : *Autour d'une mère* », *L'Intransigeant*, 9 juin 1935, p. 8.
Voir aussi 1954.

VITRAC, Roger, « La Plume au chapeau », *La Bête noire*, n° 4, 1er juil. 1935, p. 7.
Voir aussi 1965.

1937

CARR, Philip, « Paris looks at Spain », *The New York Times*, June 13, 1937, section XI, p. 2.

DELPECH, Jeanine, « Un Metteur en scène de vingt-six ans va jouer un drame de Cervantès », *Les Nouvelles littéraires*, 17 mai 1937, p. 10.

1939

La Croix

***, « Dans un fauteuil : à l'Atelier, spectacle de Jean-Louis Barrault » (23-24 avril 1939, p. 6).

*

ACHARD, Paul, « Au Théâtre de l'Atelier : *Hamlet*, de Jules Laforgue ; *La Faim*, de Knut Hamsun », *L'Ordre*, 20 avril 1939, p. 5.

ANTOINE, André, « Au théâtre : *Hamlet* et *La Faim* au Théâtre de l'Atelier », *Journal*, 20 avril 1939, p. 8.

AUDIAT, Pierre, « À l'Atelier : spectacle de Jean-Louis Barrault, *Hamlet* et *La Faim* », *Paris-soir*, 21 avril 1939, p. 9.

BRISSON, Pierre, « Chronique des spectacles : *La Faim* et *Hamlet* », *Feuilleton*, 23 avril 1939, p. 8.

COQUET, J. DE, « La Compagnie Jean-Louis Barrault au Théâtre de l'Atelier », *Les Annales politiques et littéraires*, 10 mai 1939, pp. 482-3.

CRÉMIEUX, Benjamin, « *Hamlet* et *La Faim* au "Théâtre de l'Atelier" », *La Lumière*, 5 mai 1939, p. 5.

FRANK, André, « Jean-Louis Barrault parmi nous », *La Nouvelle saison*, n° 7, juil. 1939, pp. 300–2.

HOUVILLE, Gérard D', « Spectacles : Jean-Louis Barrault à l'Atelier », *La Revue des deux mondes*, t. 51, 15 mai 1939, pp. 449–52.

KEMP, Robert, « La Soirée théâtrale : *La Faim* à l'Atelier », *Le Temps*, 20 avril 1939, p. 5.

MÉRAC, Robert, « Le Théâtre : *Hamlet*, *La Faim* », *Gringoire*, 11 mai 1939, p. 15.

NOVY, Yvon, « Des pièces qui n'en sont pas », *Le Jour-Écho de Paris*, 9 avril 1939, p. 6.

SCHNERB, Claude, « Chronique théâtrale », *La Nouvelle saison*, n° 7, juil. 1939, pp. 407–11.

VILLIERS, André, « Art et technique dramatiques », *Mercure de France*, vol. 293, 1er août 1939, pp. 645–9.

1942

LAUBREAUX, Alain, « À la Comédie-Française : reprise de *Phèdre*, tragédie de Racine », *Le Petit parisien*, 19 nov. 1942, p. 2.

MÉRÉ, Charles, « Comédie-Française : *Phèdre*, *Le Cheval Arabe* », *Aujourd'hui*, 21 nov. 1942, p. 2.

RICOU, Georges, « À la Comédie-Française : *Phèdre* de Racine, mise en scène nouvelle », *La France socialiste*, 2 déc. 1942, p. 3.

SILVAIN, Jean, « *Phèdre* », *L'Appel*, 19 nov. 1942, p. 7.

1943

ARMORY, « *Le Soulier de satin* de M. Paul Claudel à la Comédie-Française », *Les Nouveaux temps*, 2 déc. 1943, p. 2.

BAUER, François Charles, « Étincelante victoire du verbe : *Le Soulier de satin*, action espagnole en deux parties de M. Paul Claudel », *L'Écho de France*, 4-5 déc. 1943, p. 2.

CASTELOT, André, « *Le Soulier de satin* à la Comédie-Française », *La Gerbe*, 9 déc. 1943, p. 7.

CLAUDEL, Paul, « *Le Soulier de satin* au Théâtre Français », *Comœdia*, 27 nov. 1943, pp. 1, 3.

FRANTEL, Max, « Destin de *Phèdre* », *Comœdia*, 20 févr. 1943, p. 4.

LAUBREAUX, Alain, « À la Comédie-Française : *Le Soulier de satin*, action espagnole en deux parties et trente-trois tableaux », *Le Petit parisien*, 4-5 déc. 1943, p. 2.

LAUBREAUX, Alain, « Dans la nuit de Paul Claudel », *Je suis partout*, 10 déc. 1943, p. 5.

LAURENT, Jean, « Pour parler du *Soulier de satin*, Jean-Louis Barrault est dans ses petits souliers », *Toute la vie*, 23 déc. 1943, p. 11.

PURNAL, Roland, « *Le Soulier de satin* : l'événement de la saison », *Comœdia*, 4 déc. 1943, pp. 1, 3.

RICOU, Georges, « *Le Soulier de satin* ou le pire n'est pas toujours sûr », *La France socialiste*, 8 déc. 1943, p. 3.

YVES-BONNAT, « Avec le *Soulier de satin*, Paul Claudel réconcilie la morale et la littérature », *Toute la vie*, 25 nov. 1943, p. 11.

1944

FRÉTEVAL, Jean, « Propos de peintres sur le décor et le costume », *Formes et couleurs*, t. VI, nº 3, 1944, pp. 46–58.

OLTRAMARE, Georges, « *Le Soulier de satin* de M. Paul Claudel à la Comédie-Française », *Aspects*, 7 janv. 1944, pp. 40-1.

PELERSON, Georges, « Fille de Minos et de Jean-Louis Barrault », *Révolution nationale*, 29 janv. 1944, p. 4.

1945

La Dépêche de Paris (1re an.)
***, « Théâtre » (n° 23, 25-26 mars 1945, p. 2).
***, « Théâtre » (n° 50, 25 avril 1945, p. 2).
***, « Cinéma » (n° 96, 17-18 juin 1945, p. 2).

*

C., J., « Pas de changement au Théâtre-Français avant la fin de l'année », *Le National-Midi Paris*, 1re an., n° 8, 1er nov. 1945, p. 2.

CRAIG, Edward Gordon, « Enfin un créateur au théâtre issu du théâtre », *Arts*, 3 août 1945, p. 1.

HELLACHE, P., « *Les Enfants du paradis* », *Honneur et patrie*, 1re an., n° 7, 25 mars 1945, p. 4.

IDZKOWSKI, Marcel, « Révolution chez Molière », *Les Nouvelles du matin*, n° 20, 27 sept. 1945, p. 1.

KLOTZ, Henri, « À la Comédie-Française : *Antoine et Cléopâtre* », *Honneur et patrie*, 1re an., n° 13, 6 mai 1945, p. 4.

LAGARDE, Pierre, « *La Part de l'ombre* », *Résistance*, 4e an., n° 441, 23-24 déc. 1945, p. 2.
Charles Spaak, Jean Delannoy, Barrault.

LANNES, Roger, « Spectacles de Paris », *Fontaine*, VIII, n° 48, juin 1945, pp. 386–9.
Sur les adaptations de Shakespeare par Dullin, Neveux, Gide et Barrault.

NATANSON, Jacques, « *Les Enfants du paradis* », *L'Ordre*, 17e an., n.s., n° 38, 16 mars 1945, p. 2.

RIM, Carlo, « *La Part de l'ombre* », *Le Courrier de Paris*, n° 86, 23-24 déc. 1945, p. 2.
Sur le film de Jean Delannoy.

SOUSVIGNES, Claire, « Films : *La Part de l'ombre* », *L'Ordre*, 17e an., n. s., n° 274, 12 déc. 1945, p. 2.

VENTURA, Marie, « Petites polémiques. Lettre ouverte à M. Jean-Louis Barrault : “Voulez-vous jouer avec môa?” », *L'Ordre*, 17e an., n° 222, 14-15 oct. 1945, p. 1-2.

1946

(classement alphabétique des périodiques contenant des articles anonymes)

La Dépêche de Paris (2e an.)
***, « Masques grimés et rimés : J.-L. Barrault » (no 410, 19 oct. 1946, p. 2).

Paris-matin (2e an.)
***, « Le Bruit court que... » (no 193, 17 mai 1946, p. 2).
***, « Jean-Louis Barrault créera une pantomime de Jacques Prévert » (no 250, 20 juil. 1946, p. 2).
***, « Courrier des spectacles » (no 329, 19 oct. 1946, p. 2).
Hamlet.

Résistance (5e an.)
***, « André Gide a incarné le Roi au cours d'une répétition de *Hamlet* » (no 683, 5 oct. 1946, p. 2).
L'auteur (anonyme) cite des propos de Barrault sur Gide.

Télé-soir (2e an.)
***, « À la Comédie-Française, la démission de huit artistes est définitive » (no 163, 3 mai 1946, p. 2).

*

AVRONSART, Gilles, « Jouets d'hier et d'aujourd'hui : Madeleine Renaud a aimé un ours en peluche et J.-L. Barrault jouait avec une vieille casserole », *Ici-Paris hebdo*, 6e an., n.s., no 78, 3–10 déc. 1946, p. 3.

BEIGBEDER, Marc, « *Hamlet* chez Jean-Louis Barrault », *Le Courrier de l'étudiant*, 30 oct. 1946, p. 8.

BERNARD, Jacqueline, « Après *Hamlet* Jean-Louis Barrault prépare *Les Fausses Confidences* », *Combat*, 21 oct. 1946, p. 4.

BIZET, René, « Au Théâtre Marigny : *Hamlet*, traduction d'André Gide », *Paris-presse*, 19 oct. 1946, p. 2.

1946 BARRAULT critique

BLANQUET, Marc, « Jean-Louis Barrault va incarner Hamlet », *Opéra*, 2 oct. 1946, p. 3.

BRUNSCHWIK, René, « Adieu Molière ! Maints sociétaires annoncent leur départ », *Le Courrier de Paris*, n° 136, 24-25 déc. 1946, p. 2.

COURNOT, Michel, « Spectacles de Jean-Louis Barrault », *L'Arche*, III, n° 21, nov. 1946, pp. 120–3.

D., A., « Au programme de la saison de théâtre : l'*Hamlet* de Gide, une pantomime de Prévert et peut-être le *Don Juan* de Molière monté par Jouvet », *Paris-matin*, 2e an., n° 268, 10 août 1946, p. 2.

DESMORGET, André, « Quatre *Hamlet*, de Gide, de Pagnol, de Michel Arnaud et... de Shakespeare tiendront l'affiche cet hiver à Paris », *Paris-matin*, 2e an., n° 307, 25 sept. 1946, p. 2.

DREUX, Robert, « M. André Obey quitterait la Comédie-Française. Tempête sur le vieux théâtre. Louis Jouvet, Jean-Louis Barrault ou... ? », *L'Ordre*, 18e an., n. s., n° 595, 21 déc. 1946, pp. 1-2.

FAVALELLI, Max, « Sur la scène cette semaine... *Hamlet*, *Un Ange passe*, *Un Revenant* », *La Dépêche de Paris*, 2e an., n° 416, 2 oct. 1946, p. 2.

FAVALELLI, Max, « Sur la scène cette semaine... *Les Fausses confidences* », *La Dépêche de Paris*, n° 422, 2 nov. 1946, p. 2.

GANDREZ-RETY, Jean, « *Hamlet* au Théâtre Marigny », *Franc-tireur*, 18 oct. 1946, p. 4.

GARDEL, Francis, « La Leçon de théâtre dans un livre », *Résistance*, 5e an., n° 633, 8 août 1946, p. 2.

GARDEL, Francis, « La Scène... les coulisses. En remontant à Shakespeare par André Gide, Barrault a fait d'Hamlet un homme normal... », *Résistance*, 5e an., n° 702, 26 oct. 1946, p. 2.

GAUTIER, Jean-Jacques, « Au Théâtre Marigny : *Hamlet* de Shakespeare, traduction d'André Gide », *Le Figaro*, 18 oct. 1946, p. 4.

HÉRIAT, Philippe, « Noble dessein », *La Bataille*, 23 oct. 1946, p. 4.

KEMP, Robert, « *Hamlet* au Théâtre Marigny », *Le Monde*, 19 oct. 1946, p. 6.

KEMP, Robert, « L'*Hamlet* d'André Gide et de Jean-Louis Barrault », *Une Semaine dans le monde*, 26 oct. 1946, p. 8.

LANG, André, « Shakespeare et Beaumarchais », *Concorde*, 31 oct. 1946, p. 6.

LEMARCHAND, Jacques, « *Hamlet* au Théâtre Marigny », *Combat*, 21 oct. 1946, p. 3.

LORENZ, Paul, « *Hamlet* au Théâtre Marigny », *L'Étoile du soir*, 6e an., no 330, 20-21 oct. 1946, p. 2.

LORENZ, Paul, « *Les Fausses confidences* au Théâtre Marigny », *L'Étoile du soir*, 6e an., no 336, 27-28 oct. 1946, p. 2.

MAGNAN, Henry, « Sous les tréteaux de Marigny Jean-Louis Barrault bondit », *Une Semaine dans le monde*, 26 oct. 1946, p. 8.

MARCEL, Gabriel, « *Hamlet* au Théâtre Marigny », *Les Nouvelles littéraires*, 24 oct. 1946, p. 8.

MAULNIER, Thierry, « Mise en scène et interprétation », *Spectateur*, 22 oct. 1946, p. 2.

QUÉMÉNEUR, Pierre, « *Hamlet* au Théâtre Marigny », *Réforme*, no 87, 16 nov. 1946, p. 2.

RANSAN, André, « L'Odéon, qui vit créer *Le Mariage de Figaro*, débuter Talma et Sarah Bernhardt, sera-t-il annexé par la Comédie-Française ? », Résistance, 5e an., no 479, 12 févr. 1946, pp. 1-2.

RANSAN, André, « Marigny : *Hamlet* », *Résistance*, 5e an., no 695, 18 oct. 1946, p. 4.

ROGE, Fred, « Dernières répétitions d'*Hamlet*, qu'anime Jean-Louis Barrault », *L'Étoile du soir*, 6e an., no 326, 16 oct. 1946, p. 2.

SAIX, Gilbert DE, « Heures de Paris : sous la Coupole. — *Hamlet* », *L'Ordre*, 18e an., n. s., no 545, 26 oct. 1946, p. 3.

SALEL, Jean-Claude, « *Hamlet* au Théâtre Marigny », *Juin*, 22 oct. 1946, p. 8.

SUSINI, Germaine, « *Hamlet*, traduction d'André Gide, au théâtre Marigny », *Paris-matin*, 2e an., nº 331, 22 oct. 1946, p. 2.

SUSINI, Germaine, « *Les Fausses confidences* et une pantomime de Prévert au théâtre Marigny », *Paris-matin*, 2e an., nº 335, 26 oct. 1946, p. 2.

TOUCHARD, Pierre-Aimé, « Le Théâtre et la liberté », *Esprit*, nº 6, 1er juin 1946, pp. 1014–21.

TOUCHARD, Pierre-Aimé, « Hamlet à Marigny », *Opéra*, 23 oct. 1946, p. 3.

TOUCHARD, Pierre-Aimé, « Le Théâtre », *Esprit*, nº 12, 1er déc. 1946, pp. 900–3.

TREICH, Léon, « Les Premières : *Hamlet*, traduction d'André Gide, au Théâtre Marigny », *L'Ordre*, 18e an., nº 541, 22 oct. 1946, p. 2.

TREICH, Léon, « Les Premières : des *Fausses confidences* au *Bar du crépuscule* », *L'Ordre*, 18e an., n. s., nº 546, 27-28 oct. 1946, p. 2.

1947

(classement alphabétique des périodiques contenant des articles anonymes)

Érasme (vol. 2)
***, « Jean-Louis Barrault » (avril 1947, pp. 170-1).

France dimanche (1re an.).
***, « Les Vedettes françaises font de la politique. Extrême gauche : P. Blanchar, J.-L. Barrault, Marie Bell. Gauche : Jouvet, Jean Gabin. Droite : Jean Paqui... et Bourvil est M.R.P. » (no 42, 22 juin 1947, p. 3).
***, « Gide est venu avec Mme Théo, qui est un peu sa gouvernante, et un peu sa belle-mère... voir une pièce où Jean-Louis Barrault se sert d'une prison pour libérer un complexe » (no 59, 19 oct. 1947, p. 6).
Le Procès.

L'Ordre (19e an., n. s.)
***, « Tous les spectacles. La crise de la Comédie-Française » (no 634, 11 févr. 1947, p. 2).
***, « Tous les spectacles : Jean-Louis Barrault à la Comédie-Française ? » (no 635, 12 févr. 1947, p. 2).

L'Ordre de Paris (1re an.)
***, « Tous les spectacles » (no 23, 27 sept. 1947, p. 2).
***, « Tous les spectacles : la scène » (no 45, 23 oct. 1947, p. 2).

Revue générale belge (no 20)
***, « Derniers feux de la rampe » (juin 1947, pp. 302-3).

Theatre Arts (vol. 31)
***, « Portrait as Hamlet » (Feb. 1947, pp. 28–31).

*

ACHARD, Paul, « C'est nous qui donnons la vie », *L'Ordre de Paris*, 1re an., no 10, 12 sept. 1947, p. 2.

ACHARD, Paul, « Signe des temps », *L'Ordre de Paris*, 1re an., no 15, 18 sept. 1947, p. 2.

1947 BARRAULT critique

ACHARD, Paul, « On s'occupe de Feydeau », *L'Ordre de Paris*, 1re an., nº 32, 8 oct. 1947, p. 2.

ACHARD, Paul, « Il y a 400 ans... Cervantes », *L'Ordre de Paris*, 1re an., nº 69, 20 nov. 1947, p. 2.
Numance.

ALTER, André, « *Le Procès* de Kafka », *L'Aube*, 14 oct. 1947, p. 2.

AMBRIÈRE, Francis, « *Le Procès* au Théâtre Marigny », *Opéra*, 15 oct. 1947, pp. 1, 3.

AMBRIÈRE, Francis, « Le Théâtre », *Mercure de France*, vol. 299, 1er avril 1947, pp. 712–5.

AMBRIÈRE, Francis, « Le Théâtre », *Mercure de France*, vol. 301, 1er déc. 1947, pp. 705–8.

AUBERT, René, « Procès du *Procès* », *Paysage*, 29 oct. 1947, p. 4.

BAUËR, Gérard, « Le Théâtre », *La Revue de Paris*, LIV, nº 1, janv. 1947, pp. 156–63.

BEIGBEDER, Marc, « Barrault doit gagner son *Procès* », *Le Parisien libéré*, 16 oct. 1947, p. 2.

BOURDET, Denise, « Images de Paris », *La Revue de Paris*, LIV, nº 1, janv. 1947, pp. 149–55.

BRISSAUD, André, « Un Mystique du théâtre : Jean-Louis Barrault », *Synthèses*, II, nº 1, 1947, pp. 40–53.

CASTEL, Jean, « Jean-Louis Barrault se trompe », *Les Lettres françaises*, 23 oct. 1947, p. 9.

CLAUDEL, Paul, « Le *Procès* de Kafka ou le drame de la justice », *Le Figaro littéraire*, 18 oct. 1947, p. 1.

COURNOT, Michel, « Le Théâtre : Avant-critique du *Procès* », *L'Arche*, nº 23, janv. 1947, pp. 106-7.

D. J., « Devant *Le Procès* au Théâtre Marigny », *Le Figaro littéraire*, 11 oct. 1947, p. 6.

DELARUE, M., « Autour d'un procès », *Parallèle*, nº 50, 1er nov. 1947, p. 2.

DELYSAN, L., « Jean-Louis Barrault jouera *Amphitryon* avec un masque », *Spectateur*, 18 nov. 1947, pp. 1, 3.

ENGELHARD, Hubert, « *Le Procès* de Kafka au Théâtre Marigny », *Réforme*, 25 oct. 1947, p. 8.

GORDON, René, « À la Comédie-Française après le départ de M. Obey », *L'Ordre*, 19e an., n. s., n° 633, 9-10 févr. 1947, p. 2.

GRIFFIN, Jonathan, « L'*Hamlet* de Jean-Louis Barrault vu par un Anglais », *Fontaine*, n° 60, mai 1947, pp. 339–42.

JOLY, Gustave, « *Le Procès* de Kafka au Théâtre Marigny », *L'Aurore*, 12-13 oct. 1947, p. 2.

KEMP, Robert, « *Le Procès* de Kafka au Théâtre Marigny », *Le Monde*, 12-13 oct. 1947, p. 6.

KLEIN, Luce et Arthur KLEIN, « Jean-Louis Barrault », *Theatre Arts*, vol. 31, Oct. 1947, pp. 25–8.

LAGARDE, Pierre, « *Le Procès* de Kafka », *Libération*, 12-13 oct. 1947, p. 2.

LALOU, René, « Le Procès du *Procès* », *Gavroche*, 23 oct. 1947, p. 7.

LECLERC, Guy, « Au Théâtre Marigny : *Le Procès* de Kafka, deux heures de désespoir... et d'ennui », *L'Humanité*, 31 oct. 1947, p. 6.

LEMARCHAND, Jacques, « *Le Procès* au Théâtre Marigny », *Combat*, 12-13 oct. 1947, p. 2.

MARION, Denis, « *Le Procès* », *La Bataille*, 22 oct. 1947, p. 4.

MAULNIER, Thierry, « *Le Procès* », *Spectateur*, 21 oct. 1947, p. 2.

RANSAN, André, « Au Théâtre Marigny : *Le Procès* », *Ce matin*, 6e an., n° 972, 12-13 oct. 1947, p. 2.

RANSAN, André, « Au Théâtre Marigny : *Amphitryon* », *Ce matin*, 6e an., n° 1021, 9 déc. 1947, p. 2.

RICHARD, Poppy, « Jean-Louis Barrault », *Queen*, Nov. 26, 1947, pp. 25, 62.

ROY, Claude, « *Le Procès* », *Action*, 5 nov. 1947, p. 11.

SALACROU, Armand, « Portrait de Jean-Louis Barrault », *Formes et couleurs*, n° 5, 1947, pp. 34–7.

THIÉBAUT, Marcel, « *Le Procès* », *Carrefour*, 22 oct. 1947, p. 9.

TREICH, Léon, « À la Comédie-Française, M. André Obey démissionne; M. J.-L. Barrault est pressenti », *L'Ordre*, 19e an., n. s., n° 632, 8 févr. 1947, p. 1.

TREICH, Léon, « Les Premières : *Le Procès*, de Franz Kafka au Théâtre Marigny », *L'Ordre de Paris*, 1re an., n° 36, 12-13 oct. 1947, p. 2.

TREICH, Léon, « Programmes : le théâtre en librairie », *L'Ordre de Paris*, 1re an., n° 72, 23-24 nov. 1947, p. 2.

TREICH, Léon, « Les Premières : *Amphitryon*, au Théâtre Marigny », *L'Ordre de Paris*, 1re an., n° 85, 9 déc. 1947, p. 2.

1948

(classement alphabétique des périodiques contenant des articles anonymes)

L'Aurore
***, « Jean-Louis Barrault en présentant *Occupe-toi d'Amélie* de Feydeau découvre un nouvel auteur classique » (10 févr. 1948, p. 2).

France dimanche
***, « Jean-Louis Barrault a la lèvre supérieure trop mobile » (nº 107, 19 sept. 1948, p. 5).

Commentaires sur un article dans *The Sunday Times.*

Ici Londres
***, « Jean-Louis Barrault à Édimbourg » (22–28 août 1948, p. 1).

L'Ordre de Paris (2e an.)
***, « Tous les spectacles. La scène » (nº 130, 29 janv. 1948, p. 2).

*

ALTER, André, « Au Théâtre Marigny : *Occupe-toi d'Amélie* », *L'Aube*, 9 mars 1948, p. 2.

AMBRIÈRE, Francis, « *Occupe-toi d'Amélie* à Marigny : de Georges Feydeau à Marcel Achard », *Opéra*, 10 mars 1948, pp. 1, 3.

ARNOLD, Paul, « Actor-directors in Paris », *Theatre Arts*, vol. 32, Feb. 1948, pp. 27–31.

Sur Jouvet, Barrault, Dullin, Vilar.

AUDOUARD, Yvan, « Yvan Audouard vous fait assister à *L'État de siège* d'Albert Camus (comme si vous y étiez) », *France dimanche*, nº 114, 7 nov. 1948, pp. 6-7.

Dessins de Jean MARA.

BARJAVEL, René, « Au Théâtre Marigny : Quand un cerveau rencontre un autre cerveau », *Carrefour*, 3 nov. 1948, p. 11.

Sur *L'État de siège* d'Albert Camus.

BEN, « L'État de piège », *Aspects de la France et du monde*, 10 nov. 1948, p. 12.

BISMUTH, Maurice, « Camus plays open in Paris », *Theatre Newsletter*, no. 3, Nov. 1948, p. 3.

CAMUS, Albert, « Pourquoi l'Espagne? Réponse à Gabriel Marcel », *Combat*, 25 nov. 1948, pp. 1, 4.

CÉZAN, Claude, « Siao Ming rencontre Jean-Louis Barrault », *Les Nouvelles littéraires*, 15 juil. 1948, p. 8.

CHALAIS, François, « La Critique théâtrale », *Aux écoutes*, 5 nov. 1948, p. 27.

CHAZEUIL, « Avec la complicité d'Albert Camus, Madeleine Renaud et Jean-Louis Barrault mettent le Théâtre Marigny en *État de siège* », *Paris-presse - L'Intransigeant*, 22 oct. 1948, p. 4.

CHONEZ, Claudine, « Jean-Louis Barrault et Albert Camus répètent *L'État de siège* », *Combat*, 15 oct. 1948, p. 4.

COGNIAT, Raymond, « La Mise en scène et l'interprétation », *Arts*, 12 mars 1948, p. 7.

DUFRESNE, Claude, « Jean-Louis Barrault s'occupe d'Amélie », *Gavroche*, 3 mars 1948, p. 4.

FAVALELLI, Max, « *État de siège* à Marigny », *La Bataille*, 20 oct. 1948, p. 8.

FAVALELLI, Max, « Veillée d'armes au théâtre Marigny... ou Camus (nerveux) et Barrault (inlassable) s'apprêtent à lever *L'État de siège* », *Paris-presse - L'Intransigeant*, 28 oct. 1948, p. 4.

FAVALELLI, Max, « *L'État de siège* au Théâtre Marigny expose (allégoriquement) notre mal du siècle », *Paris-presse - L'Intransigeant*, 29 oct. 1948, p. 4.

FRANK, André, « Jean-Louis Barrault au pays des ombres », *Le Populaire*, 5 nov. 1948, p. 2.

FRANK, André, « Camus et *L'État de siège* », *Le Populaire*, 7 nov. 1948, p. 3.

GAUTIER, Jean-Jacques, « Au Théâtre Marigny : *L'État de siège* d'Albert Camus », *Le Figaro*, 29 oct. 1948, p. 4.

HERVIN, Claude, « *Hamlet* », *Paris-presse - L'Intransigeant*, 18 oct. 1948, p. 4.

HIVNOR, Mary Otis, « Barrault and Artaud », *Partisan Review*, XV, no. 3, March 1948, pp. 332–8.

HIVNOR, Mary Otis, « Jean-Louis Barrault », *Der Monat*, I, Nr. 1, Ok. 1948, pp. 95–7.

HUISMAN, Georges, « Une Soirée dans la joie : *Occupe-toi d'Amélie* au Théâtre Marigny », *La France hebdomadaire*, 23 mars 1948, p. 8.

HUSSEY, Dyneley, « *Hamlet* in French at Edinburgh Fete : André Gide's version in prose is presented by Barrault », *The New York Times*, Sept. 11, 1948, p. 13.

JOLY, G., « *L'État de siège* à Marigny : une pièce de choc et qui choquera », *L'Aurore*, 28 oct. 1948, p. 2.

KANTERS, Robert, « De l'art de la mise en scène considéré comme un assassinat », *La Table ronde*, n° 1, janv. 1948, pp. 133–8.

KANTERS, Robert, « De Bergson à Bourvil », *La Table ronde*, n° 5, mai 1948, pp. 840–4.

KEMP, Robert, « *Occupe-toi d'Amélie* de Georges Feydeau à " Marigny " », *Le Monde*, 9 mars 1948, p. 6.

KEMP, Robert, « *L'État de siège* au Théâtre Marigny », *Le Monde*, 29 oct. 1948, p. 7.

LANNES, Roger, « *Occupe-toi d'Amélie* au Théâtre Marigny », *Combat*, 10 mars 1948, p. 4.

LANNES, Roger, « Une Heure de répétition pour *L'État de siège* de Camus », *Le Figaro littéraire*, 23 oct. 1948, p. 6.

LAURENS, André, « La Pensée de Sade », *L'Ordre de Paris*, 2e an., n° 209, 30 avril 1948, p. 2.

MAGNAN, Henry, « Avec Albert Camus et Jean-Louis Barrault en *État de siège* », *Le Monde*, 27 oct. 1948, p. 6.

MALHER, Roger, « On dansera cet hiver à Marigny où brillera la plus extraordinaire constellation de comédiens... », *Ce matin - Le Pays*, 7e an., n° 1178, 9 juin 1948, p. 2.

MARA. Voir AUDOUARD.

MARCEL, Gabriel, « *L'État de siège* », *Les Nouvelles littéraires*, 11 nov. 1948, p. 8.

MAUDUIT, Jean, « Promenade à travers les musées de l'art dramatique », *Liaison*, nº 18, oct. 1948, pp. 485–7.

MAULNIER, Thierry, « Au Théâtre Marigny, *La Peste* porte l'uniforme nazi... mais Jean-Louis Barrault n'a pas songé à lui donner des moustaches moscovites », *Le Figaro littéraire*, 30 oct. 1948, p. 6.

OUTIE, Claude, « "Non ! je ne suis pas converti" nous dit Albert Camus dans les coulisses du Théâtre Marigny en *État de siège* », *L'Aurore*, 23-24 oct. 1948, p. 2.

QUÉMÉNEUR, Pierre, « *L'État de siège* », *Réforme*, 13 nov. 1948, p. 8.

ROUX, François DE, « *L'État de siège* au "Théâtre Marigny" », *L'Époque*, 3 nov. 1948, p. 2.

SPEAIGHT, Robert, « Theatre in Paris », *Time and Tide*, Jan. 27, 1948, p. 64.

TREICH, Léon, « Au Théâtre Marigny », *L'Ordre de Paris*, 2e an., nº 164, 9 mars 1948, p. 2.
Occupe-toi d'Amélie.

TRIOLET, Elsa, « Jouer sur le velours... », *Les Lettres françaises*, 4 nov. 1948, p. 7.

VAILLAND, Roger, « À propos de l'*État de siège* : l'Opéra est à réinventer », *Action*, 10–16 nov. 1948, p. 10.

VERDOT, Guy, « *L'État de siège* est levé », *Franc-tireur*, 28 oct. 1948, p. 6.

1949

L'Aurore

***, « Jouvet, Barrault, Blanchard et Auclair... ont rendu un solennel hommage à Copeau » (28 nov. 1949, p. 2).

*

AMBRIÈRE, Francis. *La Galerie dramatique, 1945–1948. Le théâtre français depuis la Libération.* Paris, Corréa, 1949. 402 p.

Pp. 232–4 : « *Amphitryon* ».
Pp. 350–4 : « *L'État de Siège* ».
Pp. 131–4 : « *Les Nuits de la colère* ».
Pp. 278–82 : « *Occupe-toi d'Amélie* ».
Pp. 213–7 : « *Le Procès* ».

BENTLEY, Eric, « Traveller's report », *Theatre Arts*, vol. 33, May 1949, pp. 42–4.

CLÉMENT, Maurice, « Le Cinéma : *Le Silence de la mer*, *Le Puritain* », *Hommes et mondes*, n° 35, juin 1949, pp. 367–9.

DUNOYER, J. M., « Marie Bell, une Phèdre inoubliable », *Franc-tireur*, 14 mars 1949, p. 2.

GAILLARD, Pol, « Chronique théâtrale : Camus et Claudel chez Jean-Louis Barrault », *La Pensée*, n. s., n° 23, mars-avril 1949, pp. 86–90.

GAUTIER, Jean-Jacques, « Marie Bell dans *Phèdre* », *Le Figaro*, 14 mars 1949, p. 4.

GAUTIER, Jean-Jacques, « À la Comédie-Française : *Le Soulier de satin* de Paul Claudel », *Le Figaro*, 15 avril 1949, p. 4.

GANDON, Yves, « *Partage de Midi* », *France-illustration*, n° 168, 1er janv. 1949, pp. 23-4.

JEENER, Jean-Baptiste, « Copeau, Jouvet, Barrault... au service de Molière », *Le Figaro*, 8 févr. 1949, p. 4.

LAGARDE, Pierre, « Reprise à la Comédie-Française : *Le Soulier de satin* de Paul Claudel », *Libération*, 15 avril 1949, p. 2.

LEMARCHAND, Jacques, « Georges Pitoëff et Jean-Louis Barrault : écrivains de théâtre », *Combat*, 28 déc. 1949, p. 2.

M. B., « À la Salle Richelieu : *Phèdre* et les *Boulingrin* », *Le Parisien libéré*, 17 mars 1949, p. 2.

MAGNY, Claude-Edmonde, « Paul Claudel et Jean-Louis Barrault », *La Table ronde*, nº 15, mars 1949, pp. 514–8.

MARCEL, Gabriel, « *Le Soulier de satin* », *Les Nouvelles littéraires*, 21 avril 1949, p. 8.

MAUDUIT, Jean, « Chronique des spectacles : le théâtre entre deux abîmes », *Cahiers du monde nouveau*, V, nº 4, avril 1949, pp. 83–9.

Sur la saison 1948-1949 (Giraudoux, Barrault, Camus).

MAUDUIT, Jean, « Un Accès de "batysme" », *Liaison*, nº 30, déc. 1949, pp. 608–10.

MAULNIER, Thierry, « C'est par *Le Soulier de satin* que Claudel dramaturge a fait la conquête du grand public », *Le Figaro littéraire*, 16 avril 1949, p. 6.

PARQUIN, Jean, « Au Théâtre Français : *Phèdre* de Racine », *La Gazette de Lausanne*, 28 mai 1949, p. 6.

SAVIN, Maurice L., « Un Spectateur mécontent : *Partage de Midi* de Paul Claudel, par la Compagnie Jean-Louis Barrault », *Les Temps modernes*, févr. 1949, pp. 340–6.

SAVIN, Maurice L., « Chronique dramatique Marigny : *Les Fourberies de Scapin* », *Les Temps modernes*, avril 1949, pp. 729–35.

SECRET, Daniel, « Le Théâtre riche et le théâtre pauvre », *La Table ronde*, nº 24, déc. 1949, pp. 1944–8.

SÉE, Edmond, « *Le Soulier de satin* à la Comédie-Française », *Opéra,* 20 avril 1949, pp. 1, 3.

TRIOLET, Elsa, « Comédie-Française : *Le Soulier de satin* », *Les Lettres françaises*, 21 avril 1949, p. 7.

VAUDOYER, Jean-Louis, « Les Réflexions sur le théâtre de Jean-Louis Barrault », *La Revue des deux mondes*, nº 1, déc. 1949, pp. 531–40.

1950

(classement alphabétique des périodiques contenant des articles anonymes)

Ce matin - Le Pays (9e an.)
***, « Jean-Louis Barrault chez les explorateurs de subconscient » (nº 1748, 7 avril 1950, p. 2).
Compte rendu d'une interview sur la chaîne parisienne, avec André Gillois.

Esprit (nº 164)
***, « Faiblesse et grandeur de Barrault » (févr. 1950, pp. 321-2).

*

BENTLEY, Eric, « The Actor as thinker », *Theatre Arts*, vol. 34, no. 4, April 1950, pp. 31–4.
Rééd. dans *In Search of Theater* (New York, Vintage Books, 1953, pp. 370–8).

BENTLEY, Eric, « Jean-Louis Barrault », *Kenyon Review*, vol. 12, no. 2, Spring 1950, pp. 224–42.
Rééd. dans *In Search of Theater* (New York, Vintage Books, 1953, pp. 185–203).

DELINCE, Robert, « Réflexions sur Jean-Louis Barrault », *La Gazette de Lausanne*, 1er janv. 1950, p. 6.

FLORENNE, Yves, « Nature et destins du théâtre », *La Table ronde*, nº 30, juin 1950, pp. 171–4.
Sur Baty, Barrault, Dullin, Touchard, Ambrière.

FOWLIE, Wallace, « Mystery of the actor », *Yale French Studies*, no. 5, 1950, pp. 5–11.

FRANK, André, « Mon patron, Jean-Louis Barrault », *Caliban*, nº 40, 1950, pp. 30–4.

MASSON, Loys, « Jean-Louis Barrault et la poésie », *Arts*, 13 janv. 1950, pp. 1, 7.

MOHRT, Michel, « Three plays of the current Paris season », *Yale French Studies*, no. 5, 1950, pp. 100–5.

1951

(classement alphabétique des périodiques contenant des articles anonymes)

Ce matin - Le Pays (10e an.)
***, « La Direction du Théâtre de l'Athénée : Jean-Louis Barrault, qui sera à Paris, le 5 septembre, l'accepterait éventuellement » (nº 2181, 29 août 1951, p. 4).

***, « Barrault à Londres » (nº 2205, 26 sept. 1951, p. 4).

***, « Le Théâtre de Babylone va s'ouvrir à Paris : il n'aura pas moins de sept directeurs ! » (nº 2223, 17 oct. 1951, p. 4).
***, « M. J.-L. Barrault prendra-t-il ou ne prendra-t-il l'Athénée ? » (nº 2224, 18 oct. 1951, p. 2).
***, « Naissance de J.-L. Barrault » (nº 2229, 24 oct. 1951, p. 4).
***, « De mon strapontin » (nº 2229, 24 oct. 1951, p. 4).
***, « De mon strapontin » (nº 2235, 31 oct. 1951, p. 4).
***, « À qui l'Athénée ? » (nº 2264, 5 déc. 1951, p. 4).
***, « Ne dramatisons pas ! » (nº 2269, 11 déc. 1951, p. 4).

La Ronde des arts (1re an.)
***, « Lu... vu... entendu » (nº 3, juil.-août 1951, p. 2).

The Observer
***, « Profile : Jean-Louis Barrault » (Sept. 23, 1951, p. 2).

*

BENTLEY, Eric, « The Pretentions of pantomime », *Theatre Arts*, vol. 35, Feb. 1951, pp. 26–30.

DUMUR, Guy, « Mélanges », *La Table ronde*, nº 41, mai 1951, pp. 165–9.

DUSSANE, Béatrix. *Notes de théâtre, 1940–1950*. Lyon, Lardanchet, 1951. 284 p.
Pp. 38–43, 66–9, 97–105, 139–44, 175–8, 190–3.

FRANK, André, « Les Années d'apprentissage de Jean-Louis Barrault », *La Revue théâtrale*, nº 17, 1951, pp. 10–7.

GOUHIER, Henri, « Théâtre », *La Vie intellectuelle*, vol. 19, nº 2, févr. 1951, pp. 132–7.

HILL, R. K., « Man at work », *Theatre Arts*, vol. 35, Oct. 1951, pp. 40-1.

ROWLAND, Cynthia, « Phèdre », *Adam. International Review*, no. 216–218, 1951, pp. 31-2.

SANVOISIN, Gaëtan, « Jean-Louis Barrault, Jean Marais et Marie Bell communient en Racine », *Ce matin - Le Pays*, 10e an., nº 2217, 10 oct. 1951, p. 4.

SIMIER, Gérard, « La Direction de l'Athénée serait pourvue prochainement... », *Ce matin - Le Pays*, 10e an., nº 2283, 27 déc. 1951, p. 2.

1952

(classement alphabétique des périodiques contenant des articles anonymes)

Ce matin - Le Pays (11e an.)

***, « La Tournée Barrault en Égypte ajournée? » (nº 2318, 6 févr. 1952, p. 4).

***, « Jean-Louis Barrault a dit la prière de Willette » (nº 2338, 29 févr. 1952, p. 2).

France in the United States Monthly

***, « Numéro spécial publié à l'occasion de la première représentation aux États-Unis de la Compagnie Renaud - Barrault » (New York, French Cultural Services, Nov.-Dec. 1952).

Franc-tireur (12e an.)

***, « Jean-Louis Barrault et sa compagnie en route pour l'Italie » (nº 2363, 4 mars 1952, p. 2).

***, « Madeleine Renaud et J.-L. Barrault sont au "Gymnase" de Marseille » (nº 2404, 21 avril 1952, p. 2).

Life

***, « Jean-Louis Barrault on Broadway » (Nov. 17, 1952, pp. 69–72).

*

ANGIOLETTI, G. B., « Barrault in Italia », *Il Mondo*, IV, n. 11, 15 marzo 1952, p. 11.

ARTAUD, Antonin. *Lettres d'Antonin Artaud à Jean-Louis Barrault*. Préface de Paul ARNOLD. Paris, Bordas, 1952. 189 p. (Coll. « Documents de la *Revue théâtrale* »).

ATKINSON, Justin Brooks, « The Barraults open season of French repertory with a comedy by Marivaux », *The New York Times*, Nov. 13, 1952, p. 13.

Représentation des *Fausses confidences* au Ziegfeld Theatre à New York.

ATKINSON, Justin Brooks, « *Le Procès. The Trial* », *The New York Times*, Nov. 18, 1952, p. 36.

BROWN, J. M., « Être ou ne pas être », *Saturday Review*, Dec. 27, 1952, pp. 24-5.

CAJOLI, Vladimiro, « Renaud-Barrault a Roma », *Idea*, IV, n. 12, 23 marzo 1952, p. 5.

DUCHÉ, Jean, « Il faut trente poètes à Jean-Louis Barrault pour le Festival du XXe siècle », *Le Figaro littéraire*, 8 mars 1952, p. 3.

FEINSTEIN, M., « Avant-garde theatre that won an audience: Renaud-Barrault Company », *Theatre Arts*, vol. 36, Nov. 1952, pp. 21–3.

FUNKE, Lewis B., « *Amphitryon — Les Fourberies de Scapin* », *The New York Times*, Nov. 21, 1952, p. 21.
Représentation au Ziegfeld Theatre à New York.

HEWES, Henry, « French family Barrault », *Saturday Review*, Nov. 8, 1952, pp. 28-9.

HEWES, Henry, « Renaud-Barrault Company », *The Commonweal*, Dec. 5, 1952, p. 223.

MARSHALL, M., « Drama : Barrault's *Hamlet* », *The Nation*, Dec. 13, 1952, p. 562.

MATTHEWS, Herbert L., « *Occupe-toi d'Amélie* », *The New York Times*, Nov. 25, 1952, p. 36.

MATTHEWS, Herbert L., « Renaud-Barrault troupe offers two-act play at the Ziegfeld Theatre », *The New York Times*, Nov. 28, 1952, p. 22.
Représentation de *La Répétition ou l'Amour puni* de J. ANOUILH.

MATTHEWS, Herbert L., « Jean-Louis Barrault is starred in Gide's version of *Hamlet* at the Ziegfeld Theatre, New York », *The New York Times*, Dec. 2, 1952, p. 39.

O'BRIEN, Justin, « Barrault troupe presents the best in French dramatic art », *The New York Herald Tribune*, Section 4, Nov. 9, 1952, p. 1.

SIMON, Alfred, « De la saltation foraine à la miniature de haut-style », *Esprit*, n° 188, mars 1952, pp. 467–72.

SIMON, Alfred, « Autour de la Comédie-Française », *Esprit*, n° 189, avril 1952, pp. 696–701.

TOURNAIRE, Hélène, « Jean-Louis Barrault : rendez-vous en 1953 », *Arts*, 12–18 sept. 1952, pp. 1, 4.

1953

(classement alphabétique des périodiques contenant des articles anonymes)

L'Aurore
***, « Jean-Louis Barrault : "Je vise au cœur" » (21 sept. 1953, p. 2).

L'Express
***, « *Christophe Colomb* » (10 oct. 1953, p. 8).

*

ALTER, André, « J'ai vu naître *Le Livre de Christophe Colomb* », *Témoignage chrétien*, 9 oct. 1953, p. 6.

AMBRIÈRE, Francis, « Paris découvre *Christophe Colomb* », *Comœdia*, 7 oct. 1953, p. 3.

AUDIBERTI, Jacques, « *Colomb*, Claudel, Barrault : trinité de la gloire », *Arts*, 8–14 oct. 1953, p. 4.

BOURDET, Denise, « *Christophe Colomb* », *La Revue de Paris*, LX, nº 8, juil. 1953, pp. 119–21.

• CHANCEREL, Léon. *Jean-Louis Barrault ou l'Ange noir du théâtre*. Paris, Presses Littéraires de France, 1953. 79 p.

CLAUDEL, Paul, « *Le Livre de Christophe Colomb* », *Le Figaro littéraire*, 7 mars 1953, p. 1.

CLAUDEL, Paul, « L'Enthousiasme », *CRB*, nº 1, 1953, pp. 9–14.
Voir aussi 1975.

ESTANG, Luc, « *Christophe Colomb* de Paul Claudel », *La Croix*, 9 oct. 1953, p. 7.

FAVALELLI, Max, « Théâtre : *Christophe Colomb* à Marigny : réussite du spectacle "total" », *Paris-presse - L'Intransigeant*, 6 oct. 1953, p. 6.

FERRET, Frédéric, « *Christophe Colomb* à Marigny », *Dimanche matin*, 11 oct. 1953, p. 7.

FRANK, André, « Naissance des "Cahiers" de la Compagnie Madeleine Renaud - Jean-Louis Barrault, ou la conscience à livre ouvert d'une compagnie », *Le Figaro littéraire*, 26 sept. 1953, p. 9.

GAUTIER, Jean-Jacques, « Au Festival de Bordeaux : Jean-Louis Barrault a fait acclamer *Christophe Colomb* de Paul Claudel », *Le Figaro*, 23-24 mai 1953, p. 10.

GAUTIER, Jean-Jacques, « La Compagnie Madeleine Renaud - Jean-Louis Barrault présente *Christophe Colomb* de Paul Claudel », *Le Figaro*, 5 oct. 1953, p. 10.

GUIGNEBERT, Jean, « Au Théâtre Marigny : *Christophe Colomb* de Paul Claudel », *Libération*, 5 oct. 1953, p. 3.

HELTIER, Éric, « *Christophe Colomb* au Théâtre Marigny », *Réforme*, 17 oct. 1953, p. 8.

HEWES, Henry, « Se moquer ou ne pas se moquer », *Saturday Review*, Jan. 24, 1953, pp. 25-6.

HOBSON, Harold. *The French Theatre of Today: an English view*. Londres, Harrap, 1953. 232 p.
Rééd. New York, Arno Press, 1980. 232 p.
Pp. 47–58.

HOMBURGER, René, « Jean-Louis Barrault, Schauspieler und Regisseur », *Antares*, Nr. 3, Febr. 1953, pp. 50–7.

JASMIN, Judith, « La Tournée Madeleine Renaud - Jean-Louis Barrault au Canada », *La Nouvelle revue canadienne*, II, n° 4, mars-avril 1953, pp. 252–4.

JEENER, Jean-Baptiste, « Jean-Louis Barrault unit théâtre, chant, danse et cinéma pour faire du *Christophe Colomb* de Claudel un spectacle complet », *Le Figaro*, 9-10 mai 1953, p. 6.

JOLY, G., « Au Théâtre Marigny : *Christophe Colomb* ou le révélateur du globe », *L'Aurore*, 5 oct. 1953, p. 2.

JOURDAN-MORHANGE, Hélène, « Les Deux *Christophe Colomb* », *Les Lettres françaises*, 8 oct. 1953, p. 6.

KEMP, Robert, « *Christophe Colomb* découvre Bordeaux », *Le Monde*, 23 mai 1953, p. 9.

KEMP, Robert, « Au Théâtre Marigny : *Christophe Colomb* », *Le Monde*, 4-5 oct. 1953, p. 6.

LALOU, René, « *Le Livre de Christophe Colomb* », *Les Nouvelles littéraires*, 8 oct. 1953, p. 8.

LAMBERT, Clarence, « Jean-Louis Barrault cherche un nouveau "Crommelynck" », *Comœdia*, 23 sept. 1953, p. 7.

LEMARCHAND, Jacques, « Au IVe Festival de Bordeaux : *Le Livre de Christophe Colomb* de Paul Claudel », *Le Figaro littéraire*, 30 mai 1953, p. 10.

LEMARCHAND, Jacques, « *Christophe Colomb* de Paul Claudel au Théâtre Marigny », *Le Figaro littéraire*, 10 oct. 1953, p. 12.

LERMINIER, Georges, « Au "Mai" de Bordeaux : Jean-Louis Barrault crée *Le Livre de Christophe Colomb* de Paul Claudel », *Le Parisien libéré*, 25 mai 1953, p. 2.

LERMINIER, Georges, « Au Théâtre Marigny : *Le Livre de Christophe Colomb* de Paul Claudel ou Jean-Louis Barrault parmi nous », *Le Parisien libéré*, 6 oct. 1953, p. 6.

MAULNIER, Thierry, « *Christophe Colomb* », *La Revue de Paris*, LX, n° 11, nov. 1953, pp. 140–3.

MILHAUD, Darius, « Mes deux partitions pour *Christophe Colomb* », *CRB*, n° 1, 1953, pp. 42–4.

MORVAN-LEBESQUE, « Barrault ressuscité : *Christophe Colomb* de Paul Claudel au Théâtre Marigny », *Carrefour*, 7 oct. 1953, p. 10.

NATHAN, Georges Jean, « Latest *Hamlet* », *Theatre Arts*, vol. 37, Feb. 1953, pp. 24–6.

RECHE, Albert, « *Christophe Colomb* appareille à Bordeaux », *Le Figaro littéraire*, 30 mai 1953, p. 1.

1953 BARRAULT critique

ROSTAND, Claude, « *Christophe Colomb* : du Barrault qu'on avait perdu de vue depuis quelques années », *Carrefour*, 27 mai 1953, p. 12.

SARRAUTE, Claude, « Jean-Louis Barrault ouvre sa saison avec le *Christophe Colomb* de Claudel », *Le Monde*, 23 sept. 1953, p. 9.

SCHNEIDER, Marcel, « *Christophe Colomb* de Paul Claudel a reçu à Bordeaux un accueil triomphal », *Combat*, 26 mai 1953, p. 2.

SIMON, Alfred, « Les Conquérants du Nouveau Monde », *Esprit*, nº 203, déc. 1953, pp. 792–5.

TRIOLET, Elsa, « *Le Livre de Christophe Colomb* au Théâtre Marigny : Claudel sans Claudel », *Les Lettres françaises*, 8 oct. 1953, p. 6.

VAUTHIER, Jean, « Lettre de Bordeaux à propos du spectacle Barrault-Claudel (*Christophe Colomb*) », *Théâtre populaire*, nº 1, mai-juin 1953, pp. 46–52.

1954

(classement alphabétique des périodiques contenant des articles anonymes)

Arts
***, « Acteur, mime, théoricien et ambassadeur du théâtre français : Jean-Louis Barrault songea un moment à devenir peintre » (28 avril–4 mai 1954, pp. 2, 3).

L'Aurore
***, « *La Cerisaie* de Tchekov au Marigny » (8 oct. 1954, p. 2).

*

ALTER, André, « *La Cerisaie* avec Madeleine Renaud et Jean-Louis Barrault », *Témoignage chrétien*, 29 oct. 1954, p. 6.

ASTRE, Georges-Albert, « Le Monde de William Faulkner », *CRB*, nº 7, 1954, pp. 32–9.
Voir aussi FRANK.

BAUËR, Gérard, « Deux gages pour l'avenir », *CRB*, nº 7, 1954, pp. 66–8.

CAMUS, Albert, « Retour à *L'État de siège* », *CRB*, nº 5, 1954, pp. 11–3.

CAPRON, Marcelle, « *La Cerisaie* au Théâtre Marigny », *Combat*, 11 oct. 1954, p. 2.

FAURE, Jean-Paul, « Avec *La Cerisaie*, la compagnie Renaud - Barrault va fêter son neuvième anniversaire... et livrer son vingt-septième combat », *Paris-presse - L'Intransigeant*, 8 oct. 1954, p. 9.

FAVALELLI, Max, « *La Cerisaie* au Théâtre Marigny », *Paris-presse - L'Intransigeant*, 9 oct. 1954, p. 10.

FOURMIER, Pierre-Jean, « *La Cerisaie* », *Aspects de la France*, 15 oct. 1954, p. 5.

FRANÇOIS, Lucien, « Lettre à Jean-Louis Barrault, grand archéologue de l'art dramatique », *Combat*, 6 oct. 1954, p. 2.

FRANK, André, « Les Lois d'un art séculaire retrouvées », *CRB*, n° 7, 1954, pp. 45-6.

FRANK, André *et* Georges-Albert ASTRE, « Rappels d'*Autour d'une mère* de Jean-Louis Barrault avec des textes inédits de Jean-Louis Barrault », *L'Âge nouveau*, n° 85, janv. 1954, pp. 55–64.
Voir aussi 1935.

GARAMBÉ, B. DE, « *La Cerisaie* de Tchekhov devient la propriété de Jean-Louis Barrault », *Rivarol*, 28 oct. 1954, p. 7.

HILAIRE, Georges, « Profonde, vivante et nuancée : *La Cerisaie* d'Anton Tchekhov », *Dimanche matin*, 17 oct. 1954, p. 8.

HUELIN, Maurice, « Jean-Louis Barrault devant *Hamlet*, "être adorable", "prince chaste" », *La Tribune de Genève*, 18 juin 1954, p. 15.

JOLY, G., « *La Cerisaie* d'Anton Tchekhov », *L'Aurore*, 9-10 oct. 1954, p. 2.

KEMP, Robert, « *La Cerisaie* », *Le Monde*, 9 oct. 1954, p. 10.

LABISSE, Félix, « Joyeux anniversaire », *CRB*, n° 7, 1954, pp. 25–7.

LECLERC, Guy, « Au Théâtre Marigny, le chef-d'œuvre de Tchekhov : *La Cerisaie* », *L'Humanité*, 9 oct. 1954, p. 2.

LEMARCHAND, Jacques, « *La Cerisaie* : Tchekhov au Théâtre Marigny », *Le Figaro littéraire*, 23 oct. 1954, p. 10.

LE MAROIS, Jean-Louis, « Quatre soirs, place Dancourt », *CRB*, n° 7, 1954, pp. 28–31.

LERMINIER, Georges, « La Compagnie Madeleine Renaud - Jean-Louis Barrault crée à Paris *La Cerisaie* de Tchekhov », *Le Parisien libéré*, 11 oct. 1954, p. 6.

MARCEL, Gabriel, « *La Cerisaie* », *Les Nouvelles littéraires*, 28 oct. 1954, p. 8.

MASSON, André, « *Numance* : souvenirs », *CRB*, n° 7, 1954, pp. 59–62.
Voir aussi 1986.

MIGNON, Paul-Louis, « La Première campagne du Marigny », *CRB*, nº 5, 1954, pp. 27–34.

MORPHE, Jean-Pierre, « La Compagnie Madeleine Renaud - Jean-Louis Barrault à Marigny », *L'Âge nouveau*, nº 85, 1954, pp. 86–8.

MORVAN-LEBESQUE, « L'Immense Tchekhov au Théâtre Marigny », *Carrefour*, 20 oct. 1954, p. 10.

PILLEMENT, Georges, « Vêtir ceux qui ne sont pas nus », *CRB*, nº 5, 1954, pp. 35–8.

PILLEMENT, Georges, « Le Brasier de *Numance* », *CRB*, nº 7, 1954, pp. 63–5.

TRIOLET, Elsa, « Tchekhov en France », *Les Lettres françaises*, 14 oct. 1954, pp. 1, 9.

VERDOT, Guy, « *La Cerisaie* », *Franc tireur*, 9-10 oct. 1954, p. 2.

1955

(classement alphabétique des périodiques contenant des articles anonymes)

Arts
***, « *L'Orestie* d'Eschyle au Théâtre Marigny » (12 oct. 1955, p. 3).

Le Figaro littéraire
***, « Il faut passer la frontière pour applaudir Barrault » (13 oct. 1955, p. 12).

*

AL., S., « Jean-Louis Barrault a monté *L'Orestie* d'Eschyle », *Combat*, 4 oct. 1955, p. 2.

ALTER, André, « Eschyle et Jean-Louis Barrault sont plus religieux que Marcel Pagnol », *Témoignage chrétien*, 21 oct. 1955, p. 5.

ALTER, André, « Du théâtre cent pour cent », *Témoignage chrétien*, 30 déc. 1955, p. 7.

BAUËR, Gérard, « Question de bienséance », *Carrefour*, 19 janv. 1955, p. 7.

BEIGBEDER, Marc, « Un Naturel à demi clos », *Les Lettres françaises*, 20 janv. 1955, p. 7.

BEIGBEDER, Marc, « *L'Orestie* au Théâtre Marigny », *Les Lettres françaises*, 13 oct. 1955, p. 6.

BLANQUET, Marc, « Avec *L'Orestie* d'Eschyle, la Compagnie Madeleine Renaud - Jean-Louis Barrault a fait une rentrée triomphale au Théâtre Marigny », *France-soir*, 7 oct. 1955, p. 13.

CAPRON, Marcelle, « Le Triomphe de *Bérénice* et la querelle du *Songe des prisonniers* », *Combat*, 17 janv. 1955, p. 2.

CAPRON, Marcelle, « Eschyle et Jean-Louis Barrault au Festival de Bordeaux », *Combat*, 3 juin 1955, p. 2.

DEMARQUEZ, Suzanne, « Festival de Bordeaux : *L'Orestie* », *Rolet*, 16 juin 1955, p. 8.

DUSSANE, Béatrix, « Le Mois de *L'Orestie* », *Samedi soir*, 12 oct. 1955, p. 2.

FAVALELLI, Max, « *L'Orestie* au Festival de Bordeaux », *Paris-presse - L'Intransigeant*, 28 mai 1955, p. 12 D.

FAVALELLI, Max, « *L'Orestie* au Théâtre Marigny », *Paris-presse - L'Intransigeant*, 7 oct. 1955, p. 11 D.

FRANK, André, « Grandeur de *L'Orestie* », *L'Esprit des lettres*, juil.-août 1955, pp. 102–4.

GARAMBÉ, B. DE, « Eschyle n'est pas Sidney Bechet », *Rivarol*, 13 oct. 1955, p. 14.

GAUTIER, Jean-Jacques, « Au Théâtre Marigny : *L'Orestie* d'Eschyle, adapté par André Obey », *Le Figaro*, 7 oct. 1955, p. 12.

GUIGNEBERT, Jean, « *L'Orestie* d'Eschyle dans une adaptation d'André Obey au Théâtre Marigny », *Libération*, 7 oct. 1955, p. 2.

KEMP, Robert, « Le Théâtre : *Bérénice* », *Le Monde*, 15 janv. 1955, p. 8.

KEMP, Robert, « Succès de *L'Orestie* », *Le Monde*, 29-30 mai 1955, p. 10.

KEMP, Robert, « *L'Orestie* à Bordeaux », *Les Nouvelles littéraires*, 2 juin 1955, p. 1.

KEMP, Robert, « *L'Orestie* », *Le Monde*, 7 oct. 1955, p. 8.

KEMP, Robert, « Jean-Louis Barrault joue *L'Orestie* », *Le Soir* [Bruxelles], 13 oct. 1955, p. 2.

LEMARCHAND, Jacques, « À propos de *Bérénice* », *Le Figaro littéraire*, 22 janv. 1955, p. 12.

LEMARCHAND, Jacques, « *L'Orestie* d'Eschyle au Théâtre Marigny », *Le Figaro littéraire*, 15 oct. 1955, p. 12.

LERMINIER, Georges, « Au Théâtre Marigny : *L'Orestie* d'Eschyle par la Compagnie Madeleine Renaud - Jean-Louis Barrault. Une grande soirée de théâtre », *Le Parisien libéré*, 7 oct. 1955, p. 6.

MARCEL, Gabriel, « *Bérénice* à Marigny », *Les Nouvelles littéraires*, 20 janv. 1955, p. 8.

MARCEL, Gabriel, « *L'Orestie* », *Les Nouvelles littéraires*, 20 oct. 1955, p. 8.

MAULNIER, Thierry, « *L'Orestie* d'Eschyle », *Combat*, 10 oct. 1955, p. 2.

MAURIAC, François, « Un Soir à Marigny », *Le Figaro*, 18 janv. 1955, p. 1.

MEUNIER, Mario, « *L'Orestie* d'Eschyle », *Les Lettres françaises*, 6–12 oct. 1955, pp. 1, 12.

MORVAN-LEBESQUE, « Il faut rendre les fêtes de Paris aux artistes », *Carrefour*, 4 juin 1955, p. 5.

PASSEUR, Steve, « Jean-Louis Barrault sous le masque d'Oreste », *L'Aurore*, 6 oct. 1955, p. 2.

QUÉMÉNEUR, Pierre, « Jonglerie et mise en scène », *Réforme*, 19 févr. 1955, p. 8.

QUÉMÉNEUR, Pierre, « Au Théâtre Marigny : *L'Orestie* d'Eschyle », *Réforme*, 15 oct. 1955, p. 8.

QUÉMÉNEUR, Pierre, « À propos de *L'Orestie* : exigences du théâtre grec », *Réforme*, 12 nov. 1955, p. 8.

SABRAN, Béatrice, « Barrault abandonné des dieux », *Aspects de la France*, 21 oct. 1955, p. 5.

SAUREL, Renée, « Secouer le plâtre de la tradition : *L'Orestie* d'Eschyle mise en scène par Jean-Louis Barrault », *Les Lettres françaises*, 2 juin 1955, p. 7.

TOUCHARD, Pierre-Aimé, « La Représentation des tragédies », *Arts*, 6 févr. 1955, p. 3.

VAUTHIER, Jean, « Mon personnage », *CRB*, n° 14, 1955, pp. 94–101.
Sur le *Personnage combattant.*

VERDOT, Guy, « *Le Songe des prisonniers* de Christopher Fry à Marigny », *Franc-tireur*, 15-16 janv. 1955, p. 2.

VERDOT, Guy, « *Bérénice* à Marigny », *Franc-tireur*, 17 janv. 1955, p. 2.

VERDOT, Guy, « La Musique de *L'Orestie* », *Franc-tireur*, 1er-2 oct. 1955, p. 2.

VERDOT, Guy, « *L'Orestie* d'Eschyle à Marigny », *Franc-tireur*, 7 oct. 1955, p. 2.

1956

Les Lettres françaises
***, « Jean-Louis Barrault devant Racine » (19 avril 1956, pp. 1, 3).

*

ALTER, André, « Barrault choisit pour partenaire une table et un fauteuil », *Le Figaro littéraire*, 28 janv. 1956, pp. 1, 4.

FAVALELLI, Max, « Après dix ans d'existence, la Compagnie Renaud-Barrault va parcourir le monde en attendant que Paris lui offre un théâtre », *Paris-presse - L'Intransigeant*, 15 mars 1956, p. 13.

FINDLATER, Richard, « The Queen, the censor — and the bed », *Tribune*, Dec. 14, 1956, p. 8.
Sur Barrault et Claudel.

LISCANO, Juan, « Eschyle, Barrault et *La Macumba* », *Les Lettres nouvelles*, nº 36, mars 1956, pp. 414–20.

SPEAIGHT, Robert, « The Barraults », *The New Statesman and Nation*, Dec. 1, 1956, pp. 697-8.

TREWIN, J. C., « Bridled joy », *Illustrated London News*, Nov. 24, 1956, p. 908.
Sur la mise en scène du *Chien du jardinier*.

WORSLEY, T. C., « Total theatre », *The New Statesman and Nation*, Nov. 24, 1956, p. 666.

1957

(classement alphabétique des périodiques contenant des articles anonymes)

Harper's Magazine
***, « Master of mime » (April 1957, pp. 85-6).

New Yorker
***, « Great audience » (Feb. 23, 1957, pp. 27-8).

*

ALTER, André, « K. part à la conquête du *Château* », *Le Figaro littéraire*, 21 sept. 1957, p. 12.

BENTLEY, Eric, « A One-man dialogue on the Barrault repertory », *The New Republic*, March 18, 1957, pp. 20–2.

BERTIN, Pierre. *Aux Empires du soleil, 2e carnet de voyage. Relation de la tournée de la Compagnie Renaud - Barrault accomplie d'avril à juillet 1956 : Mexique, Pérou, Équateur, Colombie, Venezuela, Guadeloupe, Martinique, Haïti.* Dessins de M. H. DASTÉ*, et al.*. Paris, Julliard, 1957. 291 p. (Coll. « Cahiers de la Compagnie Renaud - Barrault »).

BOWERS, F., « Renaud - Barrault Company », *Theatre Arts*, vol. 41, no. 4, April 1957, pp. 21–82.

BRACKER, Milton, « Fantasy is performed by French company », *The New York Times*, Feb. 15, 1957, p. 20.
Critique de la représentation d'*Intermezzo* de Giraudoux au Winter Garden, New York.

BRACKER, Milton, « *Nights of Fury*, part of French twin bill », *The New York Times*, Feb. 12, 1957, p. 31.
Critique de la représentation des *Nuits de la colère* d'Armand Salacrou au Winter Garden, New York.

BRACKER, Milton, « French troupe offers two-part final bill », *The New York Times*, Feb. 19, 1957, p. 36.

CLURMAN, Harold, « Theatre », *The Nation*, Feb. 23, 1957, p. 174.

DEFRADAS, Jean, « D'Homère à Jean-Louis Barrault : esquisse d'une histoire de *L'Orestie* », *L'Information littéraire*, IX, n° 1, janv.-févr. 1957, pp. 17–22.

DESCOTES, Maurice. *Les Grands rôles du théâtre de Jean Racine*. Paris, Presses Universitaires de France, 1957. 212 p.
Pp. 141–56, 163–5.

FRANK, André, « Il y a dix ans... », *CRB*, n° 20, 1957, pp. 30–7.
Voir aussi *Jean-Louis Barrault*.

HEWES, Henry, « Total Theatre », *The Saturday Review*, Jan. 26, 1957, pp. 22-3.

HOPE-WALLACE, P., « Mr. Barrault offstage », *The New York Times Magazine*, Jan. 20, 1957, p. 20.

Jean-Louis Barrault. Photos de Thérèse LE PRAT, texte d'André FRANK. Hamburg, Verlag Johannes Maria Hoeppner, 1957. 25 p.
Texte en français et allemand.

MARSOLAIS, Gilles, « La Compagnie Renaud - Barrault dans *Christophe Colomb* et *Le Misanthrope* », *La Revue dominicaine*, LXIII, n° 1, mars 1957, pp. 102–6.

MATTHEWS, Herbert L., « *Christophe Colomb* », *The New York Times*, Jan. 31, 1957, p. 20.

MATTHEWS, Herbert L., « *Volpone* », *The New York Times*, Feb. 5, 1957, p. 27.

SIMON, Alfred, « Jean-Louis Barrault et le petit coiffeur », *Esprit*, n° 225, nov. 1957, pp. 569–72.

VILAR, Jean, « Jean Vilar répond à Jean-Louis Barrault », *France-observateur*, 28 mars 1957, p. 17.
Voir aussi 1986.

1958

Le Figaro littéraire
***, « Les Grands moments du *Soulier de satin* » (27 déc. 1958, p. 18).

*

ADAMOV, Arthur, « Jean-Louis Barrault, l'homme de théâtre », *CRB*, n° 22-23, 1958, pp. 128-9.

DORCY, Jean, « Jean-Louis Barrault », pp. 77–83 in *À la rencontre de la mime et des mimes (Decroux, Barrault, Marceau)* (Paris, Les Cahiers de Danse et Culture, 1958. 152 p.).

FRANK, André, « De la prise à la gorge à la prise à témoin... », *CRB*, n° 22-23, 1958, pp. 211–5.

GRAVES, Russell, « The Nature of mime », *Educational Theatre Journal*, vol. 10, May 1958, pp. 101–4.

LEBOLZER, Guy, « La Compagnie Renaud-Barrault à Sarah Bernhardt », *Paris-théâtre*, XII, n° 130, mars 1958, pp. 4–6.

MIGNON, Paul Louis, « Il y a quinze ans... », *CRB*, n° 25, 1958, pp. 29–43.

MONHEIM, F., « Jean-Louis Barrault ou la fièvre lucide », *Revue générale belge*, sept. 1958, pp. 126–35.

1959

(classement alphabétique des périodiques contenant des articles anonymes)

L'Avant-scène
***, « Débats sur *Tête d'Or* » (n° 207, 15 déc. 1958, pp. 47–50).

Spectacles (vol. 4)
***, « La Conversion du Palais-Royal : d'Offenbach à Claudel » (avril 1959, pp. 40–5).

*

ABIRACHED, Robert, « *Le Soulier de satin* au Palais Royal », *Études*, n° 300, févr. 1959, pp. 234–7.

ALTMAN, Georges, « Claudel et Barrault », *L'Avant-scène*, n° 207, 1er nov. 1959, p. 39.

BARTHES, Roland, « *Le Soulier de satin* mis en scène au Théâtre du Palais-Royal », *Théâtre populaire*, n° 33, 1959, pp. 121–3.

BEN, « Décorer une pièce, mais non la dévorer », *Rivarol*, 19 nov. 1959, p. 11.

DORT, Bernard, « *Tête d'Or* à l'Odéon », *Théâtre populaire*, n° 36, 1959, pp. 66–9.

DUMOULIN, Jean-Claude, « *Tête d'Or* à l'Odéon-Théâtre de France », *Tribune des nations*, 30 oct. 1959, p. 4.

FAVALELLI, Max, « Je suis de ceux qui ont applaudi *Tête d'Or* », *Paris-presse - L'Intransigeant*, 25-26 oct. 1959, p. 10 E.

GAUTIER, Jean-Jacques, « À l'Odéon : *Tête d'Or* de Claudel », *Le Figaro*, 26 oct. 1959, p. 18.

GORDEAUX, Paul, « *Tête d'Or* de Paul Claudel : du cérébral de luxe », *France-soir*, 25-26 oct. 1959, p. 8.

LEMARCHAND, Jacques, « *Le Soulier de satin* au Palais Royal », *Le Figaro littéraire*, 3 janv. 1959, p. 12.

LEMARCHAND, Jacques, « *Tête d'Or* monté par Jean-Louis Barrault », *Le Figaro littéraire*, 31 oct. 1959, p. 16.

LERMINIER, Georges, « *Tête d'Or* de Paul Claudel au Théâtre de France », *Le Parisien libéré*, 26 oct. 1959, p. 6.

MARCABRU, Pierre, « Barrault, le téméraire », *Signes du temps*, n° 3, mars 1959, pp. 34-5.

MARCEL, Gabriel, « *Tête d'Or* éblouit, bouleverse... », *Les Nouvelles littéraires*, 29 oct. 1959, p. 10.

MASSON, André, « Notes de travail pour *Tête d'Or* », *Les Lettres nouvelles*, 4 nov. 1959, p. 27.

MIGNON, Paul Louis, « Paul Claudel, spectateur du *Soulier de satin* », *L'Avant-scène*, 15 janv. 1959, pp. 41-2.

NONES, Dominique, « *Tête d'Or* de Paul Claudel », *Les Lettres nouvelles*, 11 nov. 1959, pp. 39-40.

POIROT-DELPECH, Bertrand, « *Tête d'Or* », *Le Monde*, 25-26 oct. 1959, p. 13.
Voir aussi 1969.

RAMIER, Jean, « Le Théâtre à Paris : l'installation de Jean-Louis Barrault à l'Odéon », *Culture française*, déc. 1959, pp. 344–7.

SALACROU, Armand, « Barrault, sac au dos », *Le Figaro littéraire*, 7 nov. 1959, pp. 1, 11.

SELZ, Jean, « *Tête d'Or* », *France-observateur*, 29 oct. 1959, p. 21.

SIMON, Alfred, « *Tête d'Or* : pour un théâtre barbare », *Esprit*, n° 12, déc. 1959, pp. 778–83.

TRIOLET, Elsa, « *Tête d'Or* ou le courage », *Les Lettres françaises*, 4 nov. 1959, p. 5.

VALOGNE, Catherine, « *Tête d'Or*, entre Rimbaud et Shakespeare », *La Tribune de Lausanne*, 25 oct. 1959, p. 7.

WEIGHTMAN, J. G., « At the theatre : style and content », *The Observer*, Jan. 25, 1959, p. 17.

1960

ABIRACHED, Robert, « *Rhinocéros* au Théâtre de France », *Études*, n° 304, 1960, pp. 391–4.

CAPRON, Marcelle, « À l'Odéon, le *Rhinocéros* d'Eugène Ionesco », *Combat*, 25 janv. 1960, p. 2.

DELFOSSE, Jean, « *Tête d'Or* », *La Revue nouvelle*, XVI, n° 3, janv. 1960, pp. 80–5.

DHOMME, Sylvain. *La Mise en scène d'Antoine à Brecht*. Paris, Nathan, 1960. 349 p. (Coll. « L'Activité contemporaine »).
Pp. 180, 312.

DURIEUX, Gilles, « Jean-Louis Barrault : durer sans se vendre », *Paris-théâtre*, XIII, n° 156, mai 1960, pp. 4–6.

DUSSANE, Béatrix, « Première rencontre avec le *Rhinocéros* », *CRB*, n° 29, 1960, pp. 29-30.

FARABET, René, « Jean-Louis Barrault répète le *Rhinocéros* », *Combat*, 4 janv. 1960, p. 2.

FARABET, René, « Rencontre de deux hommes de théâtre. Jean-Louis Barrault : cinéma et théâtre complet », *Études cinématographiques*, n° 6-7, " *Théâtre et cinéma* ", 4e trim. 1960, pp. 356–60.

FAVALELLI, Max, « La Critique de Max Favalelli : *Rhinocéros* », *Paris-presse - L'Intransigeant*, 24-25 janv. 1960, pp. 11 E.

FRANK, André, « Pour de nouvelles réflexions », *CRB*, n° 29, 1960, pp. 125–7.
C.r. du livre de Jean-Louis BARRAULT, *Nouvelles réflexions sur le théâtre.*

GAUTIER, Jean-Jacques, « À l'Odéon, *Rhinocéros* », *Le Figaro*, 26 janv. 1960, p. 14.

GAUTIER, Jean-Jacques, « À l'Odéon, *La Cerisaie* d'Anton Tchekhov », *Le Figaro*, 16 mars 1960, p. 14.

HÉRIAT, Philippe, « Le Style d'Amélie », *CRB*, n° 32, 1960, pp. 23–5.

KANTERS, Robert, « Théâtre : *Rhinocéros*... un rhinocéros qui a été Ionesco », *L'Express*, 28 janv. 1960, p. 36.

LEMARCHAND, Jacques, « *Rhinocéros* d'Eugène Ionesco avec Jean-Louis Barrault à l'Odéon », *Le Figaro littéraire*, 30 janv. 1960, p. 16.

LERMINIER, Georges, « Le *Rhinocéros* d'Eugène Ionesco », *Le Parisien libéré*, 26 janv. 1960, p. 6.

LORELLE, Y., « Conférence de presse chez Jean-Louis Barrault : *Le Rhinocéros* n'est pas une pièce d'avant-garde mais la pièce de la stupidité », *Combat*, 13 janv. 1960, p. 2.

MARCABRU, Pierre, « Un *Rhinocéros* à qui Barrault a coupé les cornes », *Arts*, 27 janv. 1960, p. 6.

MARCEL, Gabriel, « Sommes-nous tous des *Rhinocéros* ? », *Les Nouvelles littéraires*, 28 janv. 1960, p. 12.

MORELLE, Paul, « *Rhinocéros* d'Eugène Ionesco au Théâtre de France », *Libération*, 25 janv. 1960, p. 2.

PAGET, Jean, « Au Théâtre de France, *La Cerisaie* de Tchekhov », *Combat*, 16 mars 1960, p. 2.

POIROT-DELPECH, Bertrand, « *Rhinocéros* », *Le Monde*, 24 janv. 1960, p. 15.
Voir aussi 1969.

POIROT-DELPECH, Bertrand, « *La Cerisaie* », *Le Monde*, 17 mars 1960, p. 13.

RABINE, Henry, « Au Théâtre de France, reprise de *La Cerisaie* », *La Croix*, 24 mars 1960, p. 6.

TRIOLET, Elsa, « Elsa Triolet dit ce qu'elle pense de *Rhinocéros* », *L'Humanité*, 28 janv. 1960, p. 2.

VALOGNE, Catherine, « Dialogue avec Ionesco sur Ionesco et le *Rhinocéros* », *Les Lettres françaises*, 21 janv. 1960, pp. 1, 8.

VAN TIEGHEM, Philippe. *Les Grands acteurs contemporains.* Paris, Presses Universitaires de France, 1960. 300 p. (Coll. « Que sais-je ? »).

VANNIER, J., « *Rhinocéros* mis en scène par Jean-Louis Barrault au Théâtre de France et mis en scène par K. H. Stroux avec le Schauspielhaus de Düsseldorf au Théâtre des Nations », *Théâtre populaire*, n° 37, 1960, pp. 101–4.

WEBER, Jean-Paul, « Le *Rhinocéros* d'Eugène Ionesco incarne à l'Odéon les fanatismes mortels aux humains », *Le Figaro littéraire*, 23 janv. 1960, p. 9.

1961

BAUCHÈRE, Jacques, « Un Innocent : un coupable qui s'ignore », *Réforme*, 4 nov. 1961, p. 13.

BLANCHET, André, « Sur un "mot" de Jean-Louis Barrault », *Études*, n° 311, déc. 1961, pp. 338–44.

CAVIGLIOLI, François, « Jean-Louis Barrault nous ramène Joseph K. », *Combat*, 11 oct. 1961, p. 6.

FAVALELLI, Max, « Jean-Louis Barrault en appel », *Paris-presse - L'Intransigeant*, 24 oct. 1961, p. 11 E.

FRANK, André, « Jean-Louis Barrault a trente ans », *Arts*, 13–19 sept. 1961, pp. 1, 12.

GAUTIER, Jean-Jacques, « À l'Odéon : *Le Procès* de Kafka, par André Gide et Jean-Louis Barrault », *Le Figaro*, 21-22 oct. 1961, p. 20.

GORDEAUX, Paul, « *Le Procès*, tiré du roman de Kafka par André Gide et Jean-Louis Barrault (le premier en date des "Monsieur K.") », *France-soir*, 21 oct. 1961, p. 15.

HOPE-WALLACE, Philip, « Fine French flannel », *Manchester Guardian Weekly*, Sept. 28, 1961, p. 11.

JOLY, G., « *Le Procès* (de Kafka) est toujours ouvert », *L'Aurore*, 21 oct. 1961, p. 8.

KANTERS, Robert, « *Le Procès*, la seconde vie de Jean-Louis B. », *L'Express*, 26 oct. 1961, p. 28.

LECLERC, Guy, « Au Théâtre de France, *Le Procès* de Kafka (un spectacle dépassé) », *L'Humanité*, 23 oct. 1961, p. 2.

LEMARCHAND, Jacques, « *Amphitryon*... *Le Procès* au Théâtre de l'Odéon », *Le Figaro littéraire*, 11 nov. 1961, p. 18.

LERMINIER, Georges, « Reprise du *Procès* d'après Kafka au Théâtre de France », *Le Parisien libéré*, 23 oct. 1961, p. 6.

MARCABRU, Pierre, « Un *Rhinocéros* chasse l'autre... Bouquet remplace Barrault : une pièce renaît », *Arts*, 11 janv. 1961, p. 5.

MARCABRU, Pierre, « Le Théâtre de France doit-il être le conservatoire de la Compagnie Renaud-Barrault ? », *Arts*, 25 oct. 1961, p. 12.

MORVAN-LEBESQUE, « Barrault », *Tendances*, nº 11-12, juin–août 1961, section « Vie culturelle », pp. 397–400.

OLIVIER, Claude, « Reprise... *Le Procès* de Kafka. Adaptation d'André Gide et Jean-Louis Barrault à l'Odéon-Théâtre de France », *Les Lettres françaises*, 26 oct. 1961, p. 5.

PAGET, Jean, « La Pantomime ou *Le Procès* », *Combat*, 24 oct. 1961, p. 2.

• POESIO, Paolo Emilio. *Jean-Louis Barrault*. Bologne, Capelli, 1961. 160 p.

POIROT-DELPECH, Bertrand, « Reprise du *Procès* de Kafka par la Compagnie Renaud-Barrault », *Le Monde*, 21 oct. 1961, p. 21.

VIGNERON, Jean, « Quand la fiction engendre la réalité. *Le Procès* de Kafka », *La Croix*, 4 nov. 1961, p. 7.

1962

CHATENET, Jean. *Shakespeare sur la scène française depuis 1940.* Paris, Lettres Modernes, 1962. 125 p. (Coll. « Théâtre », 4).
Pp. 61–3.

DÉON, Michel, « On ne badine pas avec Racine », *Les Nouvelles littéraires*, 22 nov. 1962, p. 12.

GAUTIER, Jean-Jacques, « *Andromaque* à l'Odéon », *Le Figaro*, 17 nov. 1962, p. 20.

HODGE, Francis, « Jean-Louis Barrault : *The Theatre of Jean-Louis Barrault* », *Quarterly Journal of Speech*, vol. 48, no. 2, April 1962, p. 215.

LEMARCHAND, Jacques, « Le Théâtre : *Andromaque* à l'Odéon », *Le Figaro littéraire*, 24 nov. 1962, p. 20.

MAGNAN, Henri, « Les Très Riches Heures de Jean-Louis Barrault au Théâtre de France », *Libération*, 25 sept. 1962, p. 6.

MARCABRU, Pierre, « Le Miroir à deux faces », *Paris-presse - L'Intransigeant*, 18 nov. 1962, p. 10 D.

MARCHEIX, Claude, « Une Saison de Paris : le théâtre », *Tendances*, n° 16, avril 1962, pp. 233–55.
Sur Barrault, Vilar, Planchon.

MICHAELIS, R., « Barrault exerziert totales Theater : Claudels *Columbus.* Bericht von den Proben der Aufführung in Essen », *Theater Heute*, III, Nr. 4, April 1962, pp. 8–13.

OLIVIER, Claude, « Racine », *Les Lettres françaises*, 22 nov. 1962, p. 8.

ZENDT, E., « Barrault, Vilar, Cuny und Billetdoux. Theatereindrücke in Paris », *Theater Heute*, III, Nr. 5, Mai 1962, pp. 26–32.

1963

BAUCHÈRE, Jacques, « 1943–1963, événement toujours : *Le Soulier de satin* de Paul Claudel », *Réforme*, 2 nov. 1963, p. 13.

BERTIN, Pierre, « De l'Odéon d'Antoine au Théâtre de France », *Les Annales - Conferencia*, LXX, n° 4, avril 1963, pp. 30–9.

DENT, Alan, « Inspired bosh », *Illustrated London News*, Nov. 23, 1963, p. 870.
Sur la mise en scène du *Procès* de Kafka par Jean-Louis Barrault.

DUTOURD, Jean, « *Le Soulier de satin* », *La Tribune de Genève*, 19 déc. 1963, p. 7.

GAUTIER, Jean-Jacques, « *Le Soulier de satin* de Paul Claudel à l'Odéon », *Le Figaro*, 28 oct. 1963, p. 14.

GUILLEMINAULT, Gilbert, « À l'Odéon-Théâtre de France : *Le Soulier de satin* », *L'Aurore*, 28 oct. 1963, p. 8 a.

L., I., « Madeleine Renaud et Jean-Louis Barrault : le chemin de la vérité », *Les Lettres françaises*, 17–23 oct. 1963, p. 12.

LEMARCHAND, Jacques, « À l'Odéon : *Le Soulier de satin* de Paul Claudel : *Oh ! les beaux jours* de Beckett », *Le Figaro littéraire*, 7–13 nov. 1963, p. 22.

LERMINIER, Georges, « Au Théâtre de France : *Le Soulier de satin* de Paul Claudel », *Le Parisien libéré*, 5 nov. 1963, p. 6.

MARCABRU, Pierre, « Au Théâtre de France : *Le Soulier de satin*, c'est d'abord un roman d'aventures et d'amour », *Paris-presse - L'Intransigeant*, 27-28 oct. 1963, p. 8 E.

MARCEL, Gabriel, « Cherchez le message ! *Le Soulier de satin* », *Les Nouvelles littéraires*, 7 nov. 1963, p. 12.

MAULNIER, Thierry, « Claudel et Beckett », *La Revue de Paris*, LXX, n° 12, déc. 1963, pp. 124–7.

1963 BARRAULT critique

OLIVIER, Claude, « *Le Soulier de satin* de Paul Claudel à l'Odéon : un fascinant spectacle », *Les Lettres françaises*, 8 oct.–6 nov. 1963, p. 12.

POIROT-DELPECH, Bertrand, « *Le Piéton de l'air* d'Eugène Ionesco », *Le Monde*, 10-11 févr. 1963, p. 15.
Voir aussi 1969.

POIROT-DELPECH, Bertrand, « *Le Soulier de satin* de Paul Claudel », *Le Monde*, 29 oct. 1963, p. 11.
Voir aussi 1969.

POLAC, Michel, « Seconde jeunesse de Jean-Louis Barrault. Vauthier dernier des maudits ? Jean-Louis Barrault va reprendre *Le Personnage combattant* au Studio des Champs Élysées », *Arts*, 2–8 janv. 1963, p. 9.

TRIOLET, Elsa, « Plus fort que la mort, *Oh ! les beaux jours* au Théâtre de Francc », *Les Lettres françaises*, 7 nov. 1963, pp. 1, 8.

VIGNERON, Jean, « Le Théâtre de France joue *Le Soulier de satin* », *La Croix*, 5 nov. 1963, p. 6.

1964

L'Aurore

***, « Barrault, prix Dominique de la meilleure mise en scène » (23 janv. 1964, p. 8).

*

ABIRACHED, Robert, « Succombez à la tentation », *Le Nouvel observateur*, 22–29 mars 1964, p. 12.

BILLETDOUX, François, « Lettre à Jean-Louis Barrault », *CRB*, nº 46, 1964, pp. 13–7.

BROOKING, Jack, « Four bare walls and a touch of joy : in the rehearsal room with the Barraults », *Players Magazine*, XLI, no. 1, Oct. 1964, pp. 6-7, 27.

BRUNEL, Pierre. *Le Soulier de satin devant la critique : dilemme et controverses.* Paris, Lettres Modernes, 1964. 127 p. (Coll. « Situation », 6).
Pp. 103–5.

FUNKE, Lewis, « *Andromaque.* Racine's tragedy played by the Théâtre de France », *The New York Times*, Feb. 29, 1964, p. 13.

GHILARDI, Fernando, « Omaggio a Jean-Louis Barrault », *Il Dramma*, XL, n. 330-331, marzo-aprile 1964, pp. 8–16.

JACQUOT, Jean. *Shakespeare en France : mises en scène d'hier et d'aujourd'hui.* Paris, Le Temps, 1964. 142 p.
Pp. 96–102.

L., P., « Jean-Louis Barrault : un Hamlet qu'on ne verra plus », *L'Aurore*, 6 nov. 1964, p. 18.

LEE, Vera, « The Revising of *Partage de Midi* », *The French Review*, vol. 38, no. 1, Oct. 1964, pp. 337–48.

POIROT-DELPECH, Bertrand, « *Il faut passer par les nuages* de François Billetdoux », *Le Monde*, 24 oct. 1964, p. 15.
Voir aussi 1969.

SIMON, John, « Theatre Chronicles », *Hudson Review*, vol. 17, no. 3, 1964, pp. 233–42.

Sur la tournée aux États-Unis de la Compagnie Renaud-Barrault.

TAUBMAN, Howard, « *Le Mariage de Figaro* : a revival of Beaumarchais's comedy by the Théâtre de France... at the City Center », *The New York Times*, Feb. 26, 1964, p. 41.

TAUBMAN, Howard, « French troupe offers American premiere », *The New York Times*, March 4, 1964, p. 33.

TAUBMAN, Howard, « French guests present *La Vie Parisienne* (libretto by H. Meilhac and L. Halévy, Music by J. Offenbach) », *The New York Times*, March 11, 1964, p. 34.

1965

A., C., « Au Consulat de France, M. et Mme Barrault dans un salon », *La Tribune de Genève*, 17 mai 1965, p. 6.

BAIGNIÈRES, Claude, « *Des journées entières dans les arbres* de Marguerite Duras », *Le Figaro*, 4 déc. 1965, p. 20.

CINGRIA, Hélène, « *Numance* : un accord parfait entre le spectacle et le lieu scénique », *Les Lettres françaises*, 8–14 juil. 1965, p. 9.

DESNOS, Robert, « Témoignages », *CRB*, n° 51, 1965, p. 38.

DUMOULIN, Jean-Claude, « *Numance* à l'Odéon-Théâtre de France », *Tribune des nations*, 12 nov. 1965, p. 4.

DUMUR, Guy, « L'Histoire ne répond plus », *Le Nouvel observateur*, 17–23 nov. 1965, pp. 35-6.

FRANK, André, « Ce Barrault qui ne change pas », *Arts*, 3 nov. 1965, p. 6.

FUNKE, Lewis, « Beckett play presents stars from France », *The New York Times*, Sept. 14, 1965, p. 45.

JOTTERAND, Franck, « *Numance* chez Jean-Louis Barrault », *La Gazette de Lausanne*, 13 nov. 1965, p. 27.

LEIRIS, Michel, « Lettre à Jean-Louis Barrault, 26 avril 1937 », *CRB*, n° 51, 1965, pp. 42–3.

LEMARCHAND, Jacques, « *Numance* à l'Odéon », *Le Figaro littéraire*, 18 nov. 1965, p. 16.

LERMINIER, Georges, « Au Théâtre de France : *Numance* de Cervantès », *Le Parisien libéré*, 8 nov. 1965, p. 6.

MARCABRU, Pierre, « Jean-Louis Barrault a cessé de plaire aux âmes respectueuses », *Paris-presse*, 10 nov. 1965, p. 16.

MASSON, André, « Lettre à Jean-Louis Barrault à propos des décors de *La Faim* », *CRB*, n° 51, 1965, pp. 44-5.

MASSON, André, « Décors de *Numance* — 65 », *CRB*, n° 51, 1965, p. 83.

NEVEUX, Georges, « *Numance* perdue et retrouvée », *Arts*, 3–9 nov. 1965, p. 7.

PAGET, Jean, « *Numance* de Cervantès », *Combat*, 8 nov. 1965, p. 8.

SANDIER, Gilles, « Jean-Louis Barrault : De *Numance* (1937) à *Numance* (1965), il va boucler la boucle. Est-ce pour mieux repartir ? », *Arts*, 3–9 nov. 1965, pp. 3–5.

TREWIN, J. C., « The World of theatre », *Illustrated London News*, April 3, 1965, p. 3.
Sur la représentation d'*Andromaque*.

TRIOLET, Elsa, « *Numance* — 65 », *Les Lettres françaises*, 11 nov. 1965, p. 18.

VALOGNE, Catherine, « *Numance* trente ans après », *La Tribune de Lausanne*, 7 nov. 1965, p. 4.

VITRAC, Roger, « La Plume au chapeau », *CRB*, n° 51, 1965, pp. 3–5.
Voir aussi 1935.

1966

CÉZAN, Claude, « Jean-Louis Barrault saisi par la lyrique », *Les Nouvelles littéraires*, 17 févr. 1966, p. 13.

CLAUDEL, Paul. *Mes idées sur le théâtre*. Paris, Gallimard, 1966. 256 p. (Coll. « Pratique du théâtre »).
Pp. 179–82.

CURTISS, Thomas Quinn, « *Paravents*, with Algeria as setting has premiere », *The New York Times*, April 22, 1966, p. 36.

DORT, Bernard, « Les "Nouveaux théâtres" à l'heure du choix », *Les Temps modernes*, n° 239, avril 1966, pp. 1826–55.
Voir aussi 1967.

MARCABRU, Pierre, « Avant-garde c'est vite dit. Avant garde, de qui, de quoi », *Paris-presse*, 16 mars 1966, p. 5 F.

OLIVIER, Claude, « Avant-garde ? Beckett, Pinget, Ionesco à l'Odéon-Théâtre de France », *Les Lettres françaises*, 17 mars 1966, p. 24.

SERREAU, Geneviève. *Histoire du nouveau théâtre*. Paris, Gallimard, 1966. 190 p. (Coll. « Idées », 104).

VAROUJEAN, J.-J., « Comédien-metteur en scène, Jean-Louis Barrault va faire ses débuts à la télévision », *Le Parisien libéré*, 29 juin 1966, p. 6.

VERDOT, Guy, « Beckett, Pinget, Ionesco à l'Odéon-Théâtre de France. Tranchée de première ligne », *Journal de Genève*, 19 mars 1966, p. 18.

1967

Le Nouvel observateur
***, « L'Esprit et la lettre » (20–26 déc., p. 41).

*

CALAS, André, « Théâtre de France : le mystique Barrault veut en faire un temple », *Lectures pour tous*, mars 1967, pp. 36–45.

DORT, Bernard. *Théâtre public, 1953–1966. Essais de critique*. Paris, Seuil, 1967. 383 p. (Coll. « Pierres Vives »).
Pp. 334–61 ; voir aussi pp. 180 et 312.
Voir aussi 1966.

GAUTIER, Jean-Jacques. *Deux fauteuils d'orchestre. Dix ans d'art dramatique*. Par J.-J. GAUTIER et J. SENNEP. Paris, Flammarion, 1967. 434 p. (Coll. « L'Actuel »).
Pp. 58–61, 146–9, 220–3, 262–5, 306–9.

KNOWLES, Dorothy. *French Drama of the Inter-War Years, 1918–1939*. Londres, Harrap, 1967. 334 p.
Pp. 43 et 232.

LYONS, Charles R., « La Compagnie Renaud-Barrault : The idea and the aesthetic », *Educational Theatre Journal*, vol. 19, no. 4, Dec. 1967, pp. 415–25.

MACABIES, Jean, « Après *Faust* à Milan, Barrault monte *Carmen* à New York », *France-soir*, 23 févr. 1967, p. 11.

MACABIES, Jean, « Jean-Louis Barrault s'est fait tirer les cartes pour apprendre à Carmen le jeu de tarots. Il va mettre en scène l'opéra de Bizet à New York », *France-soir*, 12 nov. 1967, p. 9.

O'BRADY, Frederick, « Contributions to the Barrault story », *The American Society Legion of Honor Magazine*, vol. 38, no. 3, pp. 157–65.

POIROT-DELPECH, Bertrand, « Au Petit Odéon : *Saint-Exupéry*, spectacle de Jean-Louis Barrault », *Le Monde*, 13 oct. 1967, p. 12.

SANDIER, Gilles, « Arrabal réussit sa *Phèdre* », *Arts-loisirs*, n° 79, 29 mars–4 avril 1967, pp. 24-5.

SAUVAGE, Léo, « Barrault : sept rôles d'une seule voix », *Le Figaro*, 22 nov. 1967, p. 28.

TANUGI, Jacqueline, « Jean-Louis Barrault serait ravi de recevoir Louis de Funès à l'Odéon pour jouer *L'Avare* », *France-soir*, 15 juil. 1967, p. 2.

VALETTE, Rebecca M., « *Der Prozess* and *Le Procès*. A study in dramatic adaptation », *Modern Drama*, vol. 10, no. 1, May 1967, pp. 87–94.

1968

(classement alphabétique des périodiques contenant des articles anonymes)

L'Aurore

***, « Barrault limogé » (3 sept. 1968, p. 8).

***, « Mis en cause (politiquement) par Malraux, Barrault répond : "Je ne veux plus m'expliquer. Je ne pense qu'à l'avenir" » (22 oct. 1968, p. 14).

Combat

***, « Jean-Louis Barrault : Je ne nie pas Brecht mais les brechtiens m'ennuient » (28 mars 1968, p. 2).

***, « Le Renvoi de Barrault : émotion et désapprobation » (3 sept. 1968, p. 2).

***, « Critiques et acteurs protestent contre le renvoi de Jean-Louis Barrault » (7 sept. 1968, p. 2).

***, « Précisions de M. Malraux sur le cas Barrault » (22 oct. 1968, p. 2).

La Croix

***, « Après le "licenciement", de Jean-Louis Barrault » (12 sept. 1968, p. 12).

Le Figaro

***, « Après le licenciement de Jean-Louis Barrault » (4 sept. 1968, p. 20).

***, « Un Journal belge : devrons-nous recueillir Barrault dans notre pays ? » (5 sept. 1968, p. 20).

***, « Jean-Louis Barrault à Maurice Escande "Non pour *Tartuffe* mais..." » (9 sept. 1968, p. 18).

***, « Barrault prend une licence de forain » (12 sept. 1968, p. 24).

***, « Barrault dans les cordes : il a déjà cassé sa tirelire » (9 oct. 1968, p. 31).

***, « Le Caf'conc' a empêché Jean-Louis Barrault de s'installer dans la rue » (31 oct. 1968, p. 17).

L'Humanité
***, « Jean-Louis Barrault n'est plus directeur du Théâtre de France » (3 sept. 1968, p. 8).
***, « Le Licenciement de Jean-Louis Barrault : un mauvais coup » (4 sept. 1968, p. 8).

La Gazette de Lausanne
***, « Jean-Louis Barrault n'est plus directeur du Théâtre de France » (3 sept. 1968, p. 27).

Les Lettres françaises
***, « Barrault enlevé au Théâtre de France » (4–11 sept. 1968, p. 2).
***, « Des Protestations » (11–17 sept. 1968, p. 13).

Le Monde
***, « Un Carême non conformiste : les Dominicains de Toulouse ont fait appel à Jean-Louis Barrault » (22 mars 1968, p. 7).
***, « Jean-Louis Barrault au *Sunday Times* : j'attends Malraux » (1er août 1968, p. 13).
***, « Le Ministre des Affaires Culturelles licencie Jean-Louis Barrault » (4 sept. 1968, p. 22).
***, « Protestation du Syndicat français des acteurs » (8 sept. 1968, p. 11).
***, « Jean-Louis Barrault ne pourra mettre en scène *Tartuffe* à la Comédie-Française » (10 sept. 1968, p. 15).
***, « Prises de position en faveur de Jean-Louis Barrault » (19 sept. 1968, p. 23).

Le Nouvel observateur
***, « Une Manœuvre grossière » (9–15 sept. 1968, p. 49).

Paris-jour
***, « Barrault dernier expulsé de l'Odéon » (3 sept. 1968, p. 15).

Paris-match
***, « À l'Odéon, les machinistes contre-occupent » (15–22 juin 1968, p. 19).
***, « L'Erreur de Jean-Louis Barrault, il avait mal lu Shakespeare » (14 sept. 1968, p. 93).

Paris-presse
***, « Barrault et Resnais prêchent le carême à Toulouse » (24 mars 1968, p. 9 D).
***, « Barrault prépare sa rentrée » (12 juin 1968, p. 5 D).

*

A., M., « Le Licenciement de Jean-Louis Barrault du Théâtre de France suscite une vive émotion », *La Dernière heure*, 5 sept. 1968, p. 16.

ALTER, André, « Au revoir Barrault », *Témoignage chrétien*, 12 sept. 1968, pp. 8-9.

BASTIDE, François Régis, « *Rabelais*, jeu dramatique de Jean-Louis Barrault », *Les Nouvelles littéraires*, 26 déc. 1968, p. 13.

BERTIN, Pierre, « Le Théâtre, d'Antoine à Barrault », *La Revue de Paris*, LXXV, nº 10, oct. 1968, pp. 118–21.

BOYER, Christian, *Odéon est ouvert : tribune libre*. Paris, Debresse, 1968. 111 p. (Coll. « Révolte »).
Pp. 9, 11, et 45–55.

C., E., « Rabelais trahit par Barrault », *Les Lettres françaises*, 4–10 déc. 1968, p. 25.

CARAT, Jacques, « Odéon sans Barrault », *Preuves*, XVIII, nº 211, oct. 1968, pp. 78–80.

CARTIER, Jacqueline, « Jean-Louis Barrault chasse le catch de l'Élysée Montmartre pour y faire entrer Rabelais », *France-soir*, 2 oct. 1968, p. 25.

CARTIER, Jacqueline, « Pour ses 30 comédiens, Jean-Louis Barrault joue les 60 rôles de son spectacle *Rabelais* », *France-soir*, 5 nov. 1968, p. 11.

CHALON, Jean, « Barrault a gagné sa guerre rabelaisienne », *Le Figaro littéraire*, 23 déc. 1968, p. 35.

COPFERMANN. Voir OLIVIER.

CURTISS, Thomas Quinn, « Barrault dishes up *Rabelais* », *The International Herald Tribune*, Dec. 19, 1968, p. 6.

DARZAC, Dominique, « Madeleine Renaud : "Nous repartons à zéro" », *Les Nouvelles littéraires*, 7 nov. 1968, p. 13.

DUMUR, Guy, « Le Temps du mépris », *Le Nouvel observateur*, 9–15 sept. 1968, pp. 49-50.

DUMUR, Guy, « Avec "Gargantua", Jean-Louis Barrault retrouve sa jeunesse », *La Gazette de Lausanne*, 21 déc. 1968, p. 27.

DUMUR, Guy, « Gargantua chez les catcheurs », *Le Nouvel observateur*, 23–29 déc. 1968, p. 41.

DUTOURD, Jean, « *Rabelais*, un spectacle gargantuesque », *France-soir*, 18 déc. 1968, p. 15.

FONTVIEILLE-ALQUIER, François, « Un Cheval contre un Barrault », *Combat*, 18 sept. 1968, p. 2.

GALEY, Matthieu, « *Rabelais*, le Marcuse de la Renaissance, jeu dramatique de Jean-Louis Barrault », *Combat*, 18 déc. 1968, p. 12.

GAUTIER, Jean-Jacques, « Décision officiellement notifiée par une lettre de M. Malraux, l'Odéon est retiré à Jean-Louis Barrault. Motif : "diverses déclarations" du directeur pendant les événements de mai », *Le Figaro*, 3 sept. 1968, p. 20.

GAUTIER, Jean-Jacques, « À l'Élysée-Montmartre, le *Rabelais* de Jean-Louis Barrault », *Le Figaro*, 19 déc. 1968, p. 28.

GIROUD, Françoise, « *Tête d'Or* et *Tartuffe* », *L'Express*, 9–15 sept. 1968, p. 45.

GUILLEMINAULT, Gilbert, « À l'Élysée-Montmartre, *Rabelais* de Jean-Louis Barrault », *L'Aurore*, 18 déc. 1968, p. 6.

HOBSON, Harold, « The Return of Barrault », *The Sunday Times*, March 10, 1968, p. 50.

HOBSON, Harold, « The Fate of our souls », *The Sunday Times*, May 12, 1968, p. 53.

HOBSON, Harold, « How Britain can repay Barrault », *The Sunday Times*, Sept. 15, 1968, p. 59.

IONESCO, Eugène, « Après la destitution de Jean-Louis Barrault : “Je proteste...” », *Le Figaro*, 10 sept. 1968, p. 26.

J., C., « Le Public des catcheurs s'enthousiasme pour le Gargantua de Jean-Louis Barrault à l'Élysée-Montmartre », *France-soir*, 17 déc. 1968, p. 11.

J., H., « Pourquoi Malraux a-t-il limogé Barrault ? », *La Libre Belgique*, 4 sept. 1968, p. 27.

JONES, D.A.N., « Humble beauties », *The Listener*, May 9, 1968, p. 616.

JULIEN, Pierre, « Le Rabelais hippy de Barrault sur le ring de l'Élysée-Montmartre », *L'Aurore*, 25 nov. 1968, p. 8.

KANTERS, Robert, « Sur Rabelais, l'ombre de *Rabelais* », *L'Express*, 23 déc. 1968, p. 58.

LANG, Jack. *L'État et le théâtre*. Paris, Librairie Générale de Droit et de Jurisprudence, 1968. 375 p. (Coll. « Bibliothèque de droit public », t. 78).
Pp. 180–6.

LAUNAY, J. F., « “Peu importe de jouer sur un ring, le tout est de s'y battre”, dit Jean-Louis Barrault à la Première de *Rabelais* à l'Élysée-Montmartre », *France-soir*, 18 déc. 1968, p. 6.

LEMARCHAND, Jacques, « La Sortie de Jean-Louis Barrault », *Le Figaro littéraire*, 16–22 sept. 1968, p. 37.

LERMINIER, Georges, « *Rabelais* à l'Élysée-Montmartre », *Le Parisien*, 20 déc. 1968, p. 6.

MADRAL, Philippe, « La Messe de vie (*Rabelais* de Jean-Louis Barrault) », *L'Humanité*, 18 déc. 1968, p. 8.

MALCOLM, Derek, « *Le Barbier de Séville* », *The Guardian*, May 10, 1968, p. 10.

MARCABRU, Pierre, « Barrault avait un si beau rôle ce soir-là ... », *Paris-presse*, 11 sept. 1968, p. 5 D.

MARCABRU, Pierre, « Le Grand tohu-bohu rabelaisien : Barrault le téméraire gagne son pari », *Paris-presse*, 25 déc. 1968, p. 2 D.

MATIGNON, Renaud, « *Rabelais* sur le ring », *Combat*, 23 nov. 1968, p. 2.

MONRÉAL, Guy, « Barrault sur le ring », *L'Express*, 2 déc. 1968, p. 38.

OLIVIER, Claude, « La Grande lessive », *Les Lettres françaises*, 11–17 sept. 1968, p. 13.

OLIVIER, Claude *et* Émile COPFERMANN, « Un Appel en faveur de Jean-Louis Barrault », *Les Lettres françaises*, 18–24 sept. 1968, p. 21.

OLIVIER, Jean-Jacques, « Générale ce soir à l'Élysée-Montmartre du *Rabelais* de Jean-Louis Barrault », *Combat*, 16 déc. 1968, p. 2.

PICARD, Gilbert, « *Rabelais* vu par Barrault et Polnareff », *Paris-jour*, 18 déc. 1968, p. 19.

POIROT-DELPECH, Bertrand, « Le Temps du mépris », *Le Monde*, 4 sept. 1968, p. 22.

POIROT-DELPECH, Bertrand, « *Rabelais*, jeu dramatique de Jean-Louis Barrault », *Le Monde*, 18 déc. 1968, p. 11.

R., D., « Larmes de crocodile pour Jean-Louis Barrault », *Le Journal de Genève*, 4 sept. 1968, p. 13.

RABINE, Henry, « Jean-Louis Barrault "expulsé" de la direction du Théâtre de France », *La Croix*, 4 sept. 1968, p. 10.

REBATET, Lucien, « Sur les malheurs de Jean-Louis Barrault », *Rivarol*, 12 sept. 1968, p. 5.

SABRAN, Béatrice, « Un Cocu magnifique », *Aspects de la France*, 13 juin 1968, p. 11.

SARRAUTE, Claude, « Avant-première : Barrault et *Rabelais* à l'Élysée-Montmartre », *Le Monde*, 12 déc. 1968, p. 21.

SAUREL, Renée, « Le Renvoi de Barrault », *Les Temps modernes*, juil. 1968, pp. 750–8.

SCHNEIDER, Edgar, « Quand le fantôme de l'Odéon cherche un hangar », *France-soir*, 12 sept. 1968, p. 15.

SCHNEIDER, Edgar, « La Compagnie Renaud-Barrault est morte », *Paris-presse*, 3 oct. 1968, p. 3 D.

SCHNEIDER, Edgar, « Barrault présente "Big Gargantua" contre "Little Panurge" », *Paris-presse*, 18 déc. 1968, p. 5 D.

TORRACINTA, Claude, « André Malraux congédie Jean-Louis Barrault », *La Tribune de Genève*, 3 sept. 1968, pp. 1, 20.

TRIOLET, Elsa, « À la Salle Élysée-Montmartre : *Rabelais* ou la "boulimie de vivre" », *Les Lettres françaises*, 24 déc. 1968, pp. 20–3.

TYNAN, Kenneth, « Shouts and murmurs », *The Observer*, Sept. 8, 1968, p. 24.

VARENNE, Françoise, « Le *Rabelais* de Barrault parrainé par les catcheurs », *Le Figaro*, 14 déc. 1968, p. 28.

VIGNERON, Jean, « *Rabelais*, jeu dramatique de Jean-Louis Barrault », *La Croix*, 29 déc. 1968, p. 13.

WARDLE, Irving, « Claudel comes to puzzle », *The Times*, April 30, 1968, p. 8.

WEIGHTMAN, John, « Before the Deluge », *Encounter*, 31, no. 2, August 1968, pp. 46–8.

1969

(classement alphabétique des périodiques contenant des articles anonymes)

L'Express
***, « L'Exilé de l'Odéon a choisi le voyage » (14–20 avril 1969, p. 42).

Le Figaro
***, « Barrault monte au Récamier sa version personnelle d'*Interdit au public* » (20 févr. 1969, p. 25).

France-soir
***, « La Jeunesse américaine est fascinante » (24 mai 1969, p. 23).

Le Nouvel observateur
***, « L'Esprit et la lettre » (10–16 mars 1969, p. 54).

Paris-presse
***, « Barrault s'installe au Récamier » (10 janv. 1969, p. 5 D).
***, « Barrault trop cher pour l'Odéon ? » (12 sept. 1969, p. 3 D).

Valeurs actuelles
***, « Rabelais vu par Jean-Louis Barrault » (6 janv. 1969, p. 33).

*

ADLER, Henry, « *Rabelais* and Barrault », *Drama*, no. 92, Spring 1969, pp. 47-8.

APPEL, Kira, « "Fascinant à admirer" écrit le *Los Angeles Times* du couple Barrault-Renaud en tournée dans les universités américaines », *France-soir*, 3 mai 1969, p. 6.

BARBER, John, « Revelry and thought or Barrault's *Rabelais* », *The Daily Telegraph*, Sept. 25, 1969, p. 14.

BELOT, Jean, « Jean-Louis Barrault : "Devant la télévision, on doit être comme un enfant" », *Le Figaro*, 28 févr. 1969, p. 29.

BRINCOURT, André, « Trois entretiens avec Jean-Louis Barrault », *Le Figaro*, 16 déc. 1969, p. 24.

1969 BARRAULT critique

CALDER, John, « *Rabelais* at the Élysée-Montmartre », *Gambit*, IV, no. 15, 1969, pp. 87–9.

CARAT, Jacques, « Jean-Louis Barrault et son vaisseau "tenacité" », *Preuves*, nº 215-216, févr.-mars 1969, pp. 117-8.

CARTIER, Jacqueline, « 110000 spectateurs ont vu le *Rabelais* de Barrault que Laurence Olivier accueillera à Londres en septembre », *France-soir*, 2 avril 1969, p. 6.

CARTIER, Jacqueline, « Pour les Anglais, Barrault a allongé son rôle dans *Rabelais* ; il fait aussi le cheval », *France-soir*, 25 sept. 1969, p. 9.

CARTIER, Jacqueline, « Les Jeunes Anglaises vont parler "rabelaisien" disent les Londoniens après le succès du spectacle de Jean-Louis Barrault », *France-soir*, 2 oct. 1969, p. 6.

CESBRON, Gilbert, « Rendez l'Odéon à Barrault », *Le Monde*, 23 juil. 1969, p. 16.

CURTISS, Thomas Quinn, « Half-nelson for *Rabelais* », *The Sunday Times*, Jan. 5, 1969, p. 39.

DESLANDES, Jacques, « *Rabelais* transforme l'Old Vic », *Le Figaro*, 25 sept. 1969, p. 30.

DOMINIQUE, Léon. *Le Théâtre russe et la scène française*. Paris, Perrin, 1969. 253 p. (Coll. « Théâtre, art et métier »).
Pp. 145–55, sur la mise en scène de *La Cerisaie* à l'Odéon en 1963.

GAUTIER, Jean-Jacques, « Avec *Rabelais*, Barrault retrouve le goût du risque », *Elle*, 10 févr. 1969, pp. 25-6.

H., P., « Triomphe du *Rabelais* de Barrault », *Le Monde*, 26 sept. 1969, p. 12.

HUGUES, Catherine, « *Rabelais* at the Old Vic », *America*, Dec. 20, 1969, pp. 616-7.

J., P., « Jean-Louis Barrault en rupture d'Odéon : Rabelais moraliste, notre contemporain », *La Libre Belgique*, 15 oct. 1969, p. 9.

J., S., « *Rabelais* par la Compagnie Renaud - Barrault », *La Libre Belgique*, 16 oct. 1969, p. 6.

LOURSON, Laurent, « Jean-Louis Barrault et son *Rabelais* accueillis froidement à Londres », *La Tribune de Genève*, 20 oct. 1969, p. 11.

M., D., J., « *Rabelais*, un grand jeu facétieux, satirique, chatoyant et paillard », *Le Soir*, 16 oct. 1969, p. 7.

MAMBRINO, Jean, « *Rabelais*, jeu dramatique de Jean-Louis Barrault à l'Élysée-Montmartre », *Études*, n° 330, févr. 1969, pp. 261–2.

MIGNON, Paul Louis. *Le Théâtre contemporain*. Paris, Hachette, 1969, 320 p.
Pp. 53–8.

POIROT-DELPECH, Bertrand. *Au soir le soir : théâtre 1960–70*. Paris, Mercure de France, 1969. 292 p.
Pp. 26–31 : « *Tête d'Or* »; voir aussi 1959. Pp. 35–9 : « *Rhinocéros* »; voir aussi 1960. Pp. 101–3 : « *Le Piéton de l'air* d'Eugène Ionesco »; voir aussi 1963. Pp. 110–3 : « *Le Soulier de satin* de Paul Claudel »; voir aussi 1963. Pp. 138–41 : « *Il faut passer par les nuages* de François Billetdoux »; voir aussi 1964.

R., P., « *Rabelais* par la Compagnie Renaud - Barrault », *La Dernière heure*, 16 oct. 1969, p. 16.

RONFANI, Hugo, « In Aprile a Roma ; il suo *Rabelais* », *Il Dramma*, XLV, n. 5, feb. 1969, pp. 42–8.

SAUREL, Renée, « Une Mauvaise odeur de Bas-Empire », *Les Temps modernes*, n° 271, janv. 1969, pp. 1316–25.

SCHLOCKER, Georges, « Barrault theatralisiert *Rabelais* », *Theater Heute*, X, Nr. 2, Feb. 1969, pp. 42-3.

SIMON, Alfred, « Panurge de Pigalle », *Esprit*, n° 379, mars 1969, pp. 478–80.

SURER, Paul. *Cinquante ans de théâtre*. Paris, SÉDES, 1969. 320 p.
Pp. 309–16.

TORRACINTA, Claude, « Mis k.o. par Malraux, Jean-Louis Barrault prouve qu'il n'est pas mort », *La Tribune de Genève*, 15 nov. 1969, p. 7.

TREICH, Léon, « Autour de *Rabelais* », *Le Soir*, 4 janv. 1969, p. 7.

TREWIN, J. C., « Barrault in London », *Illustrated London News*, Oct. 4, 1969, p. 27.

W., P., « Rabelais sur le ring », *La Revue nouvelle*, XLIX, n° 2, févr. 1969, p. 176.

WEINER, Judith, « Sir Laurence Olivier à Barrault : "Je vous invite à Londres pour jouer *Rabelais* à l'Old Vic" », *France-soir*, 26 févr. 1969, p. 19.

1970

(classement alphabétique des périodiques contenant des articles anonymes)

L'Humanité
***, « Tir à blanc. *Jarry sur la Butte* de Jean-Louis Barrault » (9 nov. 1970, p. 5).

Le Monde
***, « De *Numance* à *Rabelais* » (29 oct. 1970, p. 15).

*

ALEXANDER, Caroline, « Les Vétérans du nouveau théâtre », *L'Express*, 2–8 nov. 1970, pp. 46–8.

ALTER, A., « D'un vertige peu convaincant à un baroque exalté », *Témoignage chrétien*, 19 nov. 1970, p. 30.

APPEL, Kira, « "Si Rabelais vivait au milieu de vous il porterait les cheveux longs" a dit Barrault aux étudiants californiens », *Paris-presse*, 10 mai 1970, p. 9 D.

APPEL, Kira, « Les Américains proposent à Barrault de faire un film avec *Rabelais* », *Paris-presse*, 10 mai 1970, p. 18 D.

ATTOUN, Lucien, « *Jarry sur la Butte, La Moschetta* », *La Quinzaine littéraire*, nº 196, 16 nov. 1970, pp. 26-7.

BARNES, Clive, « Barrault piece finds stage ill-fitting », *The New York Times*, May 20, 1970, p. 32.

BARON, Jacqueline, « *Jarry sur la Butte* », *La Tribune de Genève*, 4 nov. 1970, p. 21.

BASTIDE, François-Régis, « *Jarry sur la Butte*, spectacle de Jean-Louis Barrault », *Les Nouvelles littéraires*, 5 nov. 1970, p. 13.

BÖKENKAMP, Werner, « *Jarry auf dem Montmartre.* Eins neues Spektakulum von Jean-Louis Barrault », *Frankfurter Allgemeine Zeitung*, 17. Nov. 1970, p. 32.

1970 BARRAULT critique

BOLD, Alan, « Edinburgh Festival 1970 : music and drama », *Tribune*, Sept. 18, 1970, p. 11.

CAMP, André, « L'Actualité théatrale : *Jarry sur la Butte* », *L'Avant-scène*, 15 déc. 1970, p. 43.

CARLSON, Jon, « Barrault and Rabelais reducible to a single presence », *The Village Voice*, May 28, 1970, pp. 48, 61.

CARLSON, Jon, « *Rabelais* », *Show Magazine*, June 1970, pp. 54–7.

CARTIER, Jacqueline, « Madeleine Renaud tricote au Récamier, Jean-Louis Barrault cherche un vélo 1900 pour son *Jarry* », *France-soir*, 20 oct. 1970, p. 15.

CARTIER, Jacqueline, « Barrault devant Aragon a dévoilé les gags de son spectacle *Jarry* », *France-soir*, 29 oct. 1970, p. 13.

CLURMAN, Harold, « Theatre », *The Nation*, June 8, 1970, pp. 700–2.
Sur le *Rabelais* de Jean-Louis Barrault.

COPFERMANN, Émile, « Un Spectacle muet », *Les Lettres françaises*, 14–20 oct. 1970, p. 19.

CURTISS, Thomas Quinn, « Barrault on *Jarry* : near catastrophe », *The International Herald Tribune*, 4 nov. 1970, p. 6.

DUMUR, Guy, « Le Théâtre à Paris. Barrault crée *Jarry sur la Butte* », *La Gazette de Lausanne*, 7 nov. 1970, p. 31.

DUMUR, Guy, « Barrault roi », *Le Nouvel observateur*, 9 nov. 1970, p. 49.

FERRIER, Jacques, « Jean-Louis Barrault a conquis les Romains avec son *Rabelais* », *La Tribune de Genève*, 27 avril 1970, p. 9.

GALEY, Matthieu, « *Jarry sur la Butte* de Jean-Louis Barrault d'après les œuvres d'Alfred Jarry », *Combat*, 31 oct. 1970, p. 12.

GAUTIER, Jean-Jacques, « *Jarry sur la Butte* de Jean-Louis Barrault », *Le Figaro*, 31 oct. 1970, p. 30.

GUILLEMINAULT, G., « *Jarry sur la Butte* de Jean-Louis Barrault », *L'Aurore*, 31 oct. 1970, p. 16 b.

K., R., « L'Âne avant le coq », *L'Express*, 9 nov. 1970, p. 116.
Sur *Rabelais*.

KROLL, Jacques, « Haute cuisine », *Newsweek*, June 1, 1970, pp. 104–5.

LECONTE, Claude-Henry, « Un *Jarry* plus "Barrault" que "Ubu" », *Le Nouveau journal*, 14 nov. 1970, p. 13.

LEMARCHAND, Jacques, « Quand Barrault découvre les farces cachées de Jarry », *Le Figaro littéraire*, 9 nov. 1970, p. 35.

LEVRON, Jacques, « Saint Jarry, pape et martyr », *Les Nouvelles littéraires*, 5 nov. 1970, p. 11.

LORIOT, Patrick, « Avant-première : Ubu plus Jarry », *Le Nouvel observateur*, 26 oct.–1er nov. 1970, pp. 45-6.

LORNE, Claude, « Ubu sur la Butte », *Rivarol*, 11 nov. 1970, p. 15.

MADRAL, Philippe, « En attendant mieux, *Jarry sur la Butte* : le roi nu », *L'Humanité dimanche*, 15 nov. 1970, p. 30.

MARCABRU, Pierre, « *Jarry*, le théâtre en liberté », *France-soir*, 31 oct. 1970, p. 15.

MÉGRET, Christian, « Une Machine à décerveler », *Carrefour*, 4 nov. 1970, p. 17.

NOBÉCOURT, Jacques, « *Rabelais* à la villa Médicis : Jean-Louis Barrault ouvre le "Premier Roma" », *Le Monde*, 29 avril 1970, p. 9.

O'CONNOR, John J., « Difficult art of being "relevant" », *The Wall Street Journal*, May 28, 1970, p. 12.

OLIVIER, Claude, « La Compagnie Renaud-Barrault attaque la saison 70-71 sur deux fronts : Élysées-Montmartre et Récamier », *Combat*, 8 sept. 1970, p. 12.

OLIVIER, Claude, « Barrault et ses doubles », *Les Lettres françaises*, 4 nov. 1970, p. 1, 11.

POIROT-DELPECH, Bertrand, « *Jarry sur la Butte*, spectacle de Jean-Louis Barrault », *Le Monde*, 31 oct. 1970, p. 25.

POLIA, Mildah, « Le *Rabelais* de Barrault », *France-Amérique*, 28 mai 1970, p. 14.

RÉGIS-BASTIDE, François, « *Jarry sur la Butte*, spectacle de Jean-Louis Barrault », *Les Nouvelles littéraires*, 5 nov. 1970, p. 13.

RIOU, Alain, « Pas de subvention pour Barrault », *La Semaine de Paris*, 4 févr. 1970, p. 11.

SANDIER, Gilles. *Théâtre et combat. Regards sur le théâtre actuel.* Paris, Stock, 1970. 368 p.
Pp. 25, 28 et 34.

SAUVAGE, Léo, « Malentendus américains sur les audaces rabelaisiennes », *Le Figaro*, 24 mai 1970, p. 30.

SEGONZAC, A. DE, « Les New-Yorkais trouvent au *Rabelais* de Barrault des similitudes avec *Hair* », *France-soir*, 22 mai 1970, p. 11.

THURIOT, Michel, « *Rabelais* et Jean-Louis Barrault ou la Fontaine de Jouvence », *Le Journal du Centre*, 6 févr. 1970, p. 4.

VIEL, Marie-Jeanne, « Quand le roi du catch partage son Élysée avec Jean-Louis Barrault », *La Tribune de Genève*, 23 mai 1970, p. 19.

VIGNERON, Jean, « Jean-Louis Barrault propose *Jarry sur la Butte* », *La Croix*, 16 juin 1970, p. 14.

1971

(classement alphabétique des périodiques contenant des articles anonymes)

The Guardian
***, « Miscellany : Barrault boy » (March 12, 1970, p. 11).

Le Monde
***, « Du spectacle pour tous à l'agitation par quelques-uns » (25 mars 1971, p. 17).
***, « Jean-Louis Barrault revient à la direction du Théâtre des Nations » (11 juin 1971, p. 42).

*

ABIRACHED, Robert, « Chronique du jeune théâtre (ou presque) », *La Nouvelle revue française*, n° 217, janv. 1971, pp. 108–11.

ALEXANDER, Caroline, « Les Trois de Vincennes », *L'Express*, 20–26 sept. 1971, pp. 45-6.

BARBER, John, « *Rabelais* : A dazzling inchoate pantomime », *The Daily Telegraph*, March 19, 1971, p. 16.

BOSTEL, Honoré, « Proscrit côté jardin (du Luxembourg), Barrault rentre en grâce côté cour », *Paris-match*, 26 juin 1971, p. 70.

BOULANGER, Nicole, « Jean-Louis Barrault aux "Nations" », *Le Nouvel observateur*, 20 sept. 1971, p. 11.

BROCHIER, Jean-Jacques, « Jarry cocu », *Le Magazine littéraire*, n° 48, janv. 1971, p. 21.

BRYDEN, Ronald, « Greasepoint politics », *The Observer*, March 21, 1971, p. 34.

CARTIER, Jacqueline, « Barrault trahi à Londres par l'électricité et deux hommes nus », *France-soir*, 24 mars 1971, p. 10.

CÉZAN, Claude, « Barrault au Théâtre des Nations. Les soucis commencent », *Les Nouvelles littéraires*, 16 juil. 1971, p. 22.

COUDERC, Claude, « Jean-Louis Barrault va relancer l'O.N.U. du théâtre », *Paris-jour*, 25 sept. 1971, p. 19.

DESLANDES, Jacques, « Rabelais supporte mal d'être anglicisé », *Le Figaro*, 20 mars 1971, p. 27.

DUMUR, Guy, « Théâtre : les vrais combattants », *Le Nouvel observateur*, 11–17 oct. 1971, p. 59

FRANK, André, « Jean-Louis Barrault : des visages multiples », *Les Nouvelles littéraires*, 25 juin 1971, p. 3.

GOLDSBOROUGH, James, « End of exile for Barrault », *The International Herald Tribune*, June 11, 1971, p. 16.

HURREN, Kenneth, « Roundhouse : *Rabelais* », *The Spectator*, March 27, 1971, p. 429.

JONGH, Nicholas DE, « Roundhouse : *Rabelais* », *The Guardian*, March 20, 1971, p. 12.

KINGSTON, Jeremy, « Theatre », *Punch*, March 31, 1971, pp. 451-2.

LAMONT, Rosette, « Jean-Louis Barrault's *Rabelais* », *Yale French Studies*, no. 46, 1971, pp. 125–38.

MERCIER, Maurice, « Maurice Mercier raconte *Jarry sur la Butte*, spectacle de Jean-Louis Barrault », *L'Avant-scène*, 15 janv. 1971, pp. 45-6.

NIGHTINGALE, Benedict, « Barrault's romp », *New Statesman*, March 26, 1971, pp. 436-7.

POIROT-DELPECH, Bertrand, « Dialogue critique : Jean-Louis Barrault dans *Le Personnage combattant* », *Le Monde* [*hebdomadaire*], 7–13 oct. 1971, p. 11.

QUÉANT, Gilles, « Théâtre », *Plaisirs de France*, janv. 1971, pp. 58-9.

SÉNART, Philippe, « Jarry », *La Revue des deux mondes*, janv.–mars 1971, pp. 177-8.

TAYLOR, John Russel, « *Rabelais* », *Plays and Players*, XVIII, no. 8, May 1971, pp. 36-7, 85.

TOYNBEE, Polly, « Enter *Rabelais* with a whisp of *Hair* », *The Observer*, Feb. 21, 1971, p. 3.

WALLIS, Bill, « Jean-Louis Barrault's *Rabelais* », *Theatre Quarterly*, I, no. 3, July–Sept. 1971, pp. 83–98.

WARDLE, Irving, « Gargantuan Bernard Bresslaw », *The Times*, March 19, 1971, p. 12.

YOUNG, B. A., « Roundhouse : *Rabelais* », *Financial Times*, March 19, 1971, p. 3.

1972

(classement alphabétique des périodiques contenant des articles anonymes)

L'Aurore
***, « Cette belle foire de théâtre que nous réserve Barrault » (15 mars 1972, p. 14).

La Libre Belgique
***, « Peu après sa nomination, Jean-Louis Barrault annonce le programme du nouveau Théâtre des Nations à Paris » (17 mars 1972, p. 28).

La Tribune de Genève
***, « Six thèmes de Barrault pour les spectacles du Théâtre des Nations » (20 mars 1972, p. 14).

*

ALEXANDER, Caroline, « Barrault réveille les "Nations" », *L'Express*, 13 mars 1972, p. 98.

ATTOUN, Lucien, « Le Théâtre des Nations : un nouveau départ », *Les Nouvelles littéraires*, 20 mars 1972, p. 24.

ATTOUN, Lucien, « L'Acteur, créateur aux ailes rognées », *Les Nouvelles littéraires*, 17 avril 1972, p. 27.

ATTOUN, Lucien, « Théâtre ou combat ? », *Les Nouvelles littéraires*, 2 mai 1972, p. 27.
Critique de *Souvenirs pour demain.*

BAIGNIÈRES, Claude, « Barrault mobilise sociologues, biologistes et architectes au service du théâtre », *Le Figaro littéraire*, 4 mars 1972, p. 13.

BASTIDE, François-Régis, « Barrault et son double », *Les Nouvelles littéraires*, 8 mai 1972, p. 20.

BÖKENKAMP, Werner, « Barraults theatralische Sendung : zu seinem Buch *Souvenirs pour demain* », *Frankfurter Allgemeine Zeitung*, 23. Okt. 1972, p. 18.

BRATSCHI, Georges, « Non ! Jean-Louis Barrault n'est pas mort », *La Tribune de Genève*, 6 mai 1972, p. 41.
Critique de *Souvenirs pour demain.*

BRINCOURT, André, « Le Musée imaginaire de Jean-Louis Barrault », *Le Figaro*, 14 mars 1972, p. 119.

BUÈGES, Jean, « Jean-Louis Barrault : 40 ans entre cour et jardin », *Paris-match*, 20 mai 1972, p. 119.

CARTIER, Jacqueline, « Barrault : "Je voudrais que le Théâtre des Nations soit un grand spectacle qui ferait le tour du monde" », *France-soir*, 15 mars 1972, p. 15.

CÉZAN, Claude, « Barrault dans un hall de gare », *Les Nouvelles littéraires*, 9 oct. 1972, p. 22.

CURTISS, Thomas Quinn, « Rolling eyeballs and strained larynxes », *The International Herald Tribune*, April 19, 1972, p. 6.

DEMORIANE, Hélène, « Qu'est-ce qui fait donc courir Barrault ? », *Le Point*, 9 oct. 1972, pp. 100-1.

DUCOUT, Françoise, « Jean-Louis Barrault et Pierre Brasseur proposent leur bilan », *Elle*, 29 mai 1972, pp. 218–21, 223.
Critique de *Souvenirs pour demain.*

DUMUR, Guy, « L'Esprit et la scène », *Le Nouvel observateur*, 1er–9 avril 1972, p. 59.

GALEY, Matthieu, « Au Théâtre des Nations, folklore et rugissements », *Combat*, 28 févr. 1972, p. 12.

GAUTIER, Jean-Jacques, « Le Théâtre des Nations crie et fait la bête », *Le Figaro*, 19 avril 1972, p. 30.

GAUTIER, Jean-Jacques, « *Le Bourgeois gentilhomme* », *Le Figaro*, 26 avril 1972, p. 24.

GAUTIER, Jean-Jacques, « Deux livres de Jean-Louis Barrault », *Le Figaro*, 26 avril 1972, p. 24.
Critique de *Mise en scène de Phèdre* et *Souvenirs pour demain.*

GERBITZ, Armgard, « The Adaptation of Kafka's novel *Der Prozess* by Jean-Louis Barrault », *Comparative Literature in Canada*, IV, no. 1, 1972, p. 36.

GLASTRE, Paul Albert, « Jean-Louis Barrault : bons souvenirs d'Amérique », *Les Nouvelles littéraires*, 31 janv.–6 févr. 1972, p. 23.

GODARD, Colette, « Jean-Louis Barrault : du Théâtre des Nations à la Gare d'Orsay », *Le Monde*, 23 déc. 1972, p. 8.

GODARD, Colette, « *Le Bourgeois gentilhomme* par la Comédie-Française », *Le Monde*, 23 déc. 1972, p. 22.

GOUSSELAND, Jack, « *Le Bourgeois gentilhomme* de Molière : meurtre sous le chapiteau », *Combat*, 23 déc. 1972, p. 8.

H., J., « *Souvenirs pour demain* de Jean-Louis Barrault. De Dullin à Malraux », *La Libre Belgique*, 9 juin 1972, p. 28.

LALOU, Étienne, « Viens lire les comédiens », *L'Express*, 8–14 mai 1972, p. 66.
Critique de *Souvenirs pour demain.*

MARCABRU, Pierre, « *Le Bourgeois gentilhomme* : du meilleur au pire », *France-soir*, 23 déc. 1972, p. 15.

MIGNON, Frédéric, « Théâtre des Nations : six thèmes posés sur le théâtre pour les Journées Internationales », *Combat*, 18 avril 1972, p. 11.

PARIS, André, « Les *Souvenirs* de Barrault : un autoportrait sans retouche », *Le Soir*, 30 mai 1972, p. 9.
Critique de *Souvenirs pour demain.*

POIROT-DELPECH, Bertrand, « Jean-Louis Barrault : "Le théâtre est occupé par les enfants" », *Le Monde*, 6 avril 1972, p. 11.

REISS, T. J., « Jean-Louis Barrault : *Jarry sur la Butte*, spectacle d'après les œuvres complètes d'Alfred Jarry », *The French Review*, XLV, no. 5, April 1972, pp. 1035–7.

S., F. DE, « Barrault s'installe Gare d'Orsay », *Le Figaro*, 6 sept. 1972, p. 26.

SAISON, Maryvonne, « Journées internationales du Théâtre des Nations (17–26 avril) », *Revue d'esthétique*, XXV, n° 4, oct.–déc. 1972, pp. 468–70.

SAUREL, Renée, « L'Éternelle enfance de Barrault », *Les Temps modernes*, n° 316, nov. 1972, pp. 881–90.

Critique de *Souvenirs pour demain.*

SIMON, Alfred, « Claudel chez les bateleurs », *Esprit*, n° 418, nov. 1972, pp. 939–41.

TESSIER, Carmen, « "Il est sale et mal rasé". C'est Jean-Louis Barrault vu par Madeleine Renaud », *France-soir*, 16 avril 1972, p. 6.

VARENNE, Françoise, « Les Projets Barrault - Renaud », *Le Figaro*, 12 juil. 1972, p. 18.

WHIPP, Betty, « Barrault : le feu joyeux de vivre », *Le Journal de Genève*, 14 sept. 1972, p. 18.

1973

(classement alphabétique des périodiques contenant des articles anonymes)

Journal de Genève
***, « En attendant Barrault » (31 mars 1973, p. 21).

La Tribune de Genève
***, « Jean-Louis Barrault va planter sa tente à Genève » (10 avril 1973, p. 43).

*

ATTOUN, Lucien, « Qu'est-ce que ce cirque? *Le Bourgeois gentilhomme* de Molière », *Les Nouvelles littéraires*, 1er–7 janv. 1972, p. 12.

BOUVARD, Philippe, « Barrault retrouve sa voie à la Gare d'Orsay », *France-soir*, 20 sept. 1973, p. 14.

BRADBY, David, « A Chronology of Jean-Louis Barrault's career », *Theatre Quarterly*, 3, no. 10, April–June 1973, pp. 6–12.

DANDREL, Louis, « *Harold et Maude* à Bordeaux. Un hymne à la vie de Jean-Louis Barrault et Madeleine Renaud », *Le Monde*, 10 oct. 1973, p. 11.

DERIAZ, Philippe, « Barrault monte Molière à Vienne », *Journal de Genève*, 3 mars 1973, p. 7.

GAUTIER, Jean-Jacques, « Bordeaux : *Harold et Maude* par la Compagnie Renaud - Barrault », *Le Figaro*, 15 oct. 1973, p. 29.

GORDON, Barbara. "*Le Théâtre total*" *as envisioned by Jean-Louis Barrault*. University Microfilms, Ann Arbor, Michigan, 1973. 394 p.

Photocopie de sa thèse de l'Université de Columbia, 1973.

PORTAL, Georges, « Le Temps des profanateurs », *Écrits de Paris*, no 322, févr. 1973, pp. 123–6.

1974

ALBÉRÈS, R.-M., « Correspondance Paul Claudel—Jean-Louis Barrault », *Les Nouvelles littéraires*, 13 mai 1974, p. 7.

ALTER, André, « Jean-Louis Barrault séduit par Z. », *Témoignage chrétien*, 12 déc. 1974, p. 29.

BÖKENKAMP, Werner, « Ein neues Theater für Jean-Louis Barrault. Das Debüt im Orsay-Bahnhof. *Isabelle Morra* oder ein Weg in die Grausamkeit », *Frankfurter Allgemeine Zeitung*, 9. Mai 1974, p. 21.

BÖKENKAMP, Werner, « Barrault spielt den *Zarathustra*. Der Versuch aus Nietzsches Buch ein Theaterereignis zu machen », *Frankfurter Allgemeine Zeitung*, 21. Nov. 1974, p. 25.

BOUVARD, Philippe, « Barrault paie 28 millions d'A.F. à la SNCF pour rester un an à quai », *France-soir*, 24 avril 1974, p. 11.

BROWN, Frederick, « A Thirtieth harlequinade : art and Jean-Louis Barrault », *Yale/Theatre*, no. 5, 1974, pp. 60–5.

CARTIER, Jacqueline, « La Caverne d'Ali-Barrault à la Gare d'Orsay c'est le premier théâtre construit à Paris depuis la guerre », *France-soir*, 27 mars 1974, p. 17.

CURTISS, Thomas Quinn, « Train station transformed by Barrault », *The International Herald Tribune*, April 26, 1974, p. 6.

DUMUR, Guy, « Capitaines courageux », *Le Nouvel observateur*, 25 mars 1974, p. 59.

DUMUR, Guy, « Dieu, un surhomme et des clowns », *Le Nouvel observateur*, 18 nov. 1974, pp. 79-80.

DUVIGNAUD, Jean *et* Jean LAGOUTTE. *Le Théâtre contemporain. Culture et contre-culture*. Paris, Larousse, 1974. 224 p.
Pp. 113–21.

FOURNIER, Thérèse, « La Folie 1974 de Jean-Louis Barrault : Grand Magic Circus à la Gare d'Orsay », *France-soir*, 9 août 1974, p. 10.

GALEY, Matthieu, « *Ainsi parlait Zarathoustra* d'après Nietzsche », *Le Quotidien de Paris*, 14 nov. 1974, p. 8.

GAUTIER, Jean-Jacques, « *Ainsi parlait Zarathoustra* de Nietzsche adapté par Jean-Louis Barrault », *Le Figaro*, 11 nov. 1974, p. 8.

GODARD, Colette, « Le *Zarathoustra* de Barrault », *Le Monde*, 7 nov. 1974, p. 20.

GODARD, Colette, « Freud et Nietzsche sur les planches », *Le Monde*, 12 nov. 1974, pp. 1, 12.

JAMET, Dominique, « *Ainsi parlait Zarathoustra* », *L'Aurore*, 11 nov. 1974, p. 5.

JULIEN, Pierre, « Un Ballon d'oxygène chez Barrault : le *Zarathoustra* de Nietzsche », *L'Aurore*, 6 nov. 1974, p. 8.

KANTERS, Robert, « Claudel entre cour et jardin », *Le Figaro*, 27 avril 1974, p. 15.

KANTERS, Robert, « *Zarathoustra*-Barrault : apothéose de la vie », *L'Express*, 18 nov. 1974, p. 33.

LEBLANC, Alain, « Jean-Louis ou le théâtre du gai savoir », *Le Quotidien de Paris*, 6 sept. 1974, p. 8.

LEBLANC, Alain, « La Grande aventure de *Zarathoustra* vue par la Compagnie Renaud-Barrault », *Le Quotidien de Paris*, 7 nov. 1974, p. 8.

MARCABRU, Pierre, « *Ainsi parlait Zarathoustra* », *France-soir*, 12 nov. 1974, p. 9.

MOTTE, Michèle, « Jean-Louis Barrault chef de gare », *L'Express*, 25 mars 1974, p. 85.

TOUCHARD, Pierre-Aimé, « Le Couple Claudel-Barrault », *Le Monde*, 5 mai 1974, p. 27.

VIGNERON, Jean, « Sous le signe de la confusion », *La Croix*, 16 nov. 1974, p. 14.

1975

BASSNETT-MCGUIRE, Susan, « Textual understructures in Jean-Louis Barrault's *Rabelais* and Tom Stoppard's *Rosencrantz and Guildenstern are dead* », *Comparison*, I, 1975, pp. 102–40.

BÖKENKAMP, Werner, « Barrault's *Pariser Nächte*. Gesehen mit den Augen der Eule », *Frankfurter Allgemeine Zeitung*, Jan. 3, 1975, p. 21.

CAIRNS, Nancy Lee, « *Hamlet*, Gide and Barrault », pp. 207–46 in *Perspectives on Hamlet*. Collected papers of the Bucknell-Susquehanna Colloquium on *Hamlet*, 1973. Edited by W.G. HOLWBERGER *and* P. B. WALDECK (Lewisburg, Pa., Bucknell University Press, 1975. 246 p.)

CHABANIS, Christian, « Barrault, le héraut de *Zarathoustra* », *France catholique*, 7 févr. 1975, p. 8.

CLAUDEL, Paul, « L'Enthousiasme », *CRB*, n° 88, 1975, pp. 13–90.
Voir aussi 1953.

● DIECKMANN, Suzanne. *Theory and Practice in the Total Theatre of Jean-Louis Barrault*. Ann Arbor, University Microfilms, Michigan, 1975. 506 p.
Photocopie de sa thèse de l'Université de Michigan, 1975.

ERTEL, Evelyne, « Barrault ou l'avant-garde officielle », *Travail théâtral*, n° 18-19, 1975, pp. 188-9.

GALEY, Matthieu, « Un Rendez-vous manqué », *Les Nouvelles littéraires*, 22 déc. 1975, p. 14.
Sur *Les Nuits de Paris*, Théâtre d'Orsay.

JULIEN, Pierre, « Madeleine Renaud retrouve les arbres de Marguerite Duras », *L'Aurore*, 15 oct. 1975, p. 9.

JURT, Joseph, « Claudel's *Christophe Colomb* », *Vaterland*, 2. April, 1975, p. 4.

SPITERI, Gérard, « Une Toilette de l'âme », *Les Nouvelles littéraires*, 10 mars 1975, p. 6.

1976

DUX, Pierre, « Exposition Renaud-Barrault (Galerie Proscenium) », *Comédie-Française*, vol. 52, oct.-nov. 1976, pp. 32-3.

EDER, Richard, « *Des journées entières dans les arbres*. A play in French by Marguerite Duras. Staged by Jean-Louis Barrault at the Ambassador Theatre », *The New York Times*, May 7, 1976, p. 5 C.

KANTERS, Robert, « Renaud-Barrault : trente ans de théâtre, un grand anniversaire », *L'Express*, 23–29 févr. 1976, pp. 30–2.

VIRMAUX, Alain, « Pour n'en jamais finir avec le discours sur Artaud », *La Tour de feu*, nº 129, mars 1976, pp. 65–70.

1977

FEUILLÈRE, Edwige. *Les Feux de la mémoire*. Paris, Albin Michel, 1977. 279 p.
Passim.

SHORTER, E., « Two's company at Orsay », *Drama*, no. 126, Autumn 1977, pp. 20–4.

SUTHER, Judith D., « *Christopher Columbus*, Claudel and Barrault », *Claudel Studies*, IV, no. 2, 1977, pp. 50–9.

1978

ARTAUD, Antonin. *Œuvres complètes.* Tome IV. Paris, Gallimard, 1978. 384 p.

Pp. 135–7 : « *Autour d'une mère* »
Voir aussi 1935.

GALEY, Matthieu, « *Zadig* de Georges Coulonges d'après Voltaire. Mise en scène de Jean-Louis Barrault (Théâtre d'Orsay) », *Les Nouvelles littéraires*, 3 nov. 1978, pp. 28-9.

1979

• MCCARTHY, Mark Redmond. *Jean-Louis Barrault and the Compagnie Renaud-Barrault.* University Microfilms, Ann Arbor, Michigan, 1979. 263 p.

Photocopie de sa thèse de l'Université de Yale, 1979.

1980

HENSEL, Georg, « Die Heilige Jungfrau, Jarry und ich. Jean-Louis Barrault wird siebzig », *Frankfurter Allgemeine Zeitung*, 6. Sept. 1980, p. 25.

MCBRIDE, Steward, « Jean-Louis Barrault », *Christian Science Monitor*, Aug. 21, 1980, pp. 2–4, 35–7.

1981

GALEY, Matthieu, « Jean-Louis Barrault, la source de jouvence du théâtre », *Les Nouvelles littéraires*, 2 avril 1981, p. 7.
Sur *L'Amour de l'amour* (Théâtre du Rond-Point).

GENTY, Christian. *Histoire du Théâtre National de l'Odéon. Journal de bord, 1782–1982*. Préface de P. BERTIN. Paris, Fischbacher, 1981. 320 p.
Pp. 248–81.

INNES, Christopher, « Barrault : total theatre », pp. 111–29 in *Holy Theatre Ritual and the Avant-Garde*. Cambridge, Cambridge University Press, 1981. 283 p.

MAMBRINO, Jean, « *L'Amour de l'amour* », *Études*, n° 355, juil.–sept. 1981, pp. 75-6.

SÉNART, Philippe, « Le Palais de glace : *L'Amour de l'amour* », *La Revue des deux mondes*, juil.–sept. 1981, pp. 681–3.

WIEGAND, Wilfried, « Amor ohne Eros. Barrault : sein neues Theater mit *L'Amour de l'amour* », *Frankfurter Allgemeine Zeitung*, 7. April 1981, p. 23.

WIEGAND, Wilfried, « Ein Botschafter der Büchnenkunst », *Frankfurter Allgemeine Zeitung*, 24. April 1981, p. 12.

1982

CHEVERRY, Pierre, « Paul Jenkins à l'écoute de Jean-Louis Barrault », *CRB*, n° 103, 1982, pp. 155–9.

COURNOT, Michel, « *Les Strauss* au Rond-Point », *Le Monde*, 22 oct. 1982, p. 32.

GILLESPIE, John K., « Interior action : the impact of Noh on Jean-Louis Barrault », *Comparative Drama*, XVI, no. 4, 1982, pp. 325–44.

HOLMBERG, Arthur, « Theater of wonder : the children of Paris », *Antioch Review*, 40, no. 2, Spring 1982, pp. 133–9.

• *Madeleine Renaud - Jean-Louis Barrault*. Préface de Georges GUARRACINO et Charles-Éric SIMEONI. Musée Provençal du Cinéma. Marseille, Galerie de la Charité, 1982. 55 p.

• *Renaud - Barrault. Paris, notre siècle*. Conception (choix de textes et documentation) et réalisation de Joël LE BON avec la collaboration de Thadée KLOSSOWSKI. Textes d'introduction de Paul-Louis MIGNON. Paris, Éd. de Messine, 1982. 223 p. (Coll. « Pierre Bergé »).

SALINO, Brigitte, « Renaud-Barrault en toute innocence », *Les Nouvelles littéraires*, 6 janv. 1982, p. 51.

1983

MEUNIER, Anne-Marie, « À Madeleine Renaud et Jean-Louis Barrault à l'occasion de la publication de l'album *Renaud-Barrault. Paris, notre siècle* », *Eaux vives*, nº 455, févr. 1983, pp. 18–21.

SÉNART, Philippe, « La Revue théâtrale : Jean-Louis Barrault : *Les Strauss*; Ionesco : *Les Chaises* », *La Revue des deux mondes*, janv. 1983, pp. 179–88.

1984

LEV, Peter, « Three adaptations of *The Trial* », *Literature/Film Quarterly*, 12, no. 3, 1984, pp. 180–5.

1985

MILNER, Mira. *Apostles of silence. The Modern French Mimes.* Rutherford, Fairleigh Dickinson University Press, 1985. 212 p.

Pp. 77–105 : « Jean-Louis Barrault (1910–) ».

SÉNART, Philippe, « La Revue théâtrale », *La Revue des deux mondes*, juin 1985, pp. 722–9.

Sur *Les Oiseaux* d'Aristophane par Pierre BOURGEADE et Jean-Louis BARRAULT.

1986

(classement alphabétique des périodiques contenant des articles anonymes)

Acteurs

***, « La Compagnie Renaud-Barrault a quarante ans » (n° 43, déc. 1986, p. 5).

*

BAIGNIÈRES, Claude, « Renaud-Barrault, le théâtre de l'irrespect », *Le Figaro*, 17 oct. 1986, p. 37.

CAMP, André, « Renaud-Barrault, 40 ans de bonheur théâtral », *L'Avant-scène-Théâtre*, n° 799, 1er déc. 1986, pp. 68–70.

DUMUR, Guy, « Le Côté Marigny », pp. 10–7 in *Les Quarante ans de la compagnie.*

MAMBRINO, Jean, « *Théâtre de foire*, d'après des textes de Lesage et d'Orneval, mise en scène de Barrault au Théâtre du Rond-Point », *Études*, CCCLXV, 1986, pp. 664-5.

MASSON, André, « *Numance.* Souvenirs », pp. 49–53 in *Les Quarante ans de la compagnie.*
Voir aussi 1954.

MITTERAND, François, « Le Pacte des Euménides », pp. 77–82 in *Les Quarante ans de la compagnie.*

NERSON, Jacques, « Ils fêtent le quarantième anniversaire de leur troupe : Renaud - Barrault : 40 ans en bonne compagnie », *Le Figaro magazine*, 25 oct. 1986, pp. 150–3.

PIEYRE DE MANDIARGUES, André, « Pour Madeleine et Jean-Louis », pp. 6–8 in *Les Quarante ans de la compagnie.*

• *Les Quarante ans de la compagnie.* Paris, Gallimard, 1986. 133 p. (Coll. « Cahiers Renaud - Barrault », n° 112, 1986).
Voir DUMUR, MASSON, MITTERAND, PIEYRE DE MANDIARGUES.

VILAR, Jean. *Le Théâtre, service public.* Paris, Gallimard, 1986.
Pp. 196–202.
Voir aussi 1957.

1987

NIMIER, Roger, « Surprise à Marigny : Jean-Louis Barrault encore plus mauvais que d'habitude », pp. 20–3 in *Roger Nimier journaliste* (Paris, Association des Cahiers Roger Nimier 1987. 350 p. [Coll. « Cahiers Roger Nimier, n° 5]).

1989

LEABHART, Thomas. *Modern and post-modern mime*. New York, St. Martin's Press, 1989. 157 p.
Pp. 60–74.

INDEX

ŒUVRES

ŒUVRES AUTONOMES

PRÉFACES À

CONTRIBUTIONS
à des livres ou à des collectifs

INTERVIEWS ou ARTICLES
(revues et périodiques)

FILMOGRAPHIE

RÉPERTOIRE THÉÂTRAL

INDEX

CRITIQUE

AUTEURS

PÉRIODIQUES

Modern Drama 1967, Valette

Nation (*The*) 1952, Marshall; 1957, Clurman; 1970, Clurman

National (*Le*) - *Midi Paris* 1945, C.

New Republic (*The*) 1957, Bentley

New Statesman 1971, Nightingale

New Statesman (*The*) *and Nation* 1956, Speaight, Worsley

Newsweek 1970, Kroll

New Yorker 1957, ***

New York Herald Tribune (*The*) 1952, O'Brien

New York Times (*The*) 1937, Carr; 1948, Hussey; 1952, Atkinson [2], Funke, Matthews [3]; 1957, Bracker [3], Matthews [2]; 1964, Funke, Taubman [3]; 1965, Funke; 1966, Curtiss; 1970, Barnes; 1976, Eder

New York Times Magazine (*The*) 1957, Hope-Wallace

Nouveau journal (*Le*) 1970, Leconte

Nouveaux temps (*Les*) 1943, Armory

Nouvelle revue canadienne (*La*) 1953, Jasmin

Nouvelle revue française (*La*) 1935, Artaud; 1971, Abirached

Nouvelle saison (*La*) 1939, Frank, Schnerb

Nouvel observateur (*Le*) 1963, Abirached; 1965, Dumur; 1967, ***; 1968, ***, Dumur [2]; 1969, ***; 1970, Dumur, Loriot; 1971, Boulanger, Dumur; 1972, Dumur; 1974, Dumur [2]

Nouvelles du matin (*Les*) 1945, Idzkowski

Nouvelles littéraires (*Les*) 1935, Arnoux; 1937, Delpech; 1946, Marcel; 1948, Cézan, Marcel; 1949, Marcel; 1953, Lalou; 1954, Marcel; 1955, Kemp, Marcel [2]; 1959, Marcel; 1960, Marcel; 1962, Déon; 1963, Marcel; 1966, Cézan; 1968, Bastide, Darzac; 1970, Bastide, Levron, Regisbastide; 1971, Cézan, Frank; 1972, Attoun [3], Bastide, Cézan, Glastre; 1973, Attoun; 1974, Albérès; 1975, Galey, Spiteri; 1978, Galey; 1981, Galey, 1982, Salino

Observer (*The*) 1951, ***; 1959, Weightman; 1968, Tynan; 1971, Bryden, Toynbee

Opéra 1946, Blanquet, Touchard; 1947, Ambrière; 1948, Ambrière; 1949, Sée

Ordre (*L'*) 1939, Achard; 1945, Natanson, Sousvignes, Ventura; 1946, Dreux, Saix, Treich [2]; 1947, ***, Gordon, Treich

Ordre de Paris (*L'*) 1947, ***, Achard [4], Treich [2]; 1948, ***, Laurens, Treich

Parallèle 1947, Delarue

Parisien libéré (*Le*) 1947, Beigbeder; 1949, M.; 1953, Lerminier [2]; 1954, Lerminier; 1955, Lerminier; 1959, Lerminier; 1960, Lerminier; 1961, Lerminier; 1963, Lerminier; 1965, Lerminier; 1966, Varoujean; *Parisien* (*Le*) 1968, Lerminier

Paris-jour 1968, ***, Picard; 1971, Couderc

Paris-match 1968, ***, 1971, Bostel; 1972, Buèges

Paris-matin 1946, ***, D., Desmorget, Susini [2]

Paris-presse 1946, Bizet; 1965, Marcabru; 1966, Marcabru; 1968, ***, Marcabru, Schneider; 1969, *** [2]; 1970, Appel [2]

Paris-presse - L'Intransigeant 1948, Chazeuil, Favalelli [2], Hervin; 1953, Favalelli; 1954, Faure, Favalelli; 1955, Favalelli [2]; 1956, Favavelli; 1959, Favalelli; 1960, Favalelli; 1961, Favalelli; 1962, Marcabru; 1963, Marcabru

LA REVUE DES LETTRES MODERNES

(fondée en 1954)
fut à l'origine un périodique consacré à l'« histoire des idées et des littératures »
sous la direction de Michel J. MINARD.

Actuellement, cette collection se déploie principalement en un ensemble de monographies constituées de volumes indépendants répartis dans les Séries :

configuration critique (1957)
Bernanos (1960). Dir. M. ESTÈVE
Apollinaire (1962). Dir. M. DÉCAUDIN
Claudel (1964–1982). Dir. J. PETIT †
(1983). Dir. M. MALICET
Barbey d'Aurevilly (1966–1982). Dir. J. PETIT †
(1983). Dir. Ph. BERTHIER
Camus (1968). Dir. B.T. FITCH
(1989). Dir. R. GAY-CROSIER
Cocteau (1970). Dir. J.-J. KIHM †
(1986). Dir. J. TOUZOT
Gide (1970). Dir. C. MARTIN
Malraux (1971). Dir. W.G. LANGLOIS
(1988). Dir. C. MOATTI
Max Jacob (1972). Dir. J. DE PALACIO
Rimbaud (1972). Dir. L. FORESTIER
Giono (1973).
Dir. A.J. CLAYTON, L. FOURCAUT
Suarès (1973). Dir. Y.-A. FAVRE
Céline (1974). Dir. J.-P. DAUPHIN
Mauriac (1974). Dir. J. MONFÉRIER
Valéry (1974). Dir. H. LAURENTI
Verne (1975). Dir. F. RAYMOND
Péguy (1980). Dir. S. FRAISSE
(1989). Dir. J. SABIANI
Jouve (1981). Dir. D. LEUWERS
Ramuz (1982). Dir. J.-L. PIERRE
Hugo (1983). Dir. M. GRIMAUD
Flaubert (1984). Dir. B. MASSON
Cendrars (1985). Dir. M. CHEFDOR, C. LEROY
Joyce (1987). Dir. C. JACQUET
Saint-John Perse (1987). Dir. D. RACINE
Bloy (1989). Dir. P. GLAUDES
Gracq (1991). Dir. P. MAROT
Proust (1992). Dir. P. E ROBERT

les carnets bibliographiques de la revue des lettres modernes. Dir. P. C. HOY

De façon complémentaire, par un retour aux sources de la *RLM*, les Séries de *l'icosathèque* (*20th*) — publication indépendante de 1974 à 1980 — poursuivent l'exploration critique du XXe siècle sous la direction de M. J. MINARD :

l'avant-siècle (temps de la genèse : 1870–1914) *le siècle éclaté* (dada, surréalisme, avant-gardes)
le plein siècle (d'un après-guerre à l'autre) *au jour le siècle* (vers une nouvelle littérature)
le « Nouveau Roman » en questions *l'intersiècle* (interférences et relations littéraires)

Les projets d'études relevant de ces domaines peuvent être proposés aux Directeurs de collection. — Les manuscrits non sollicités ne seront renvoyés que s'ils sont accompagnés de timbres pour leur réexpédition. — Les opinions émises n'engagent que les auteurs. — Dans toute correspondance joindre un timbre ou un coupon international pour la réponse.

Éditions LETTRES MODERNES
73, rue du Cardinal-Lemoine, 75005 PARIS

Tél. : (1) 43 54 46 09

LA REVUE DES LETTRES MODERNES

TARIF

SOUSCRIPTION GÉNÉRALE à toutes les Séries existantes et à paraître (chaque livraison comporte un nombre variable de pages, donc de numéros)

(tarif valable d'octobre 1991 à septembre 1992)

50 numéros **à paraître** : FRANCE - ÉTRANGER : **940 F**
+ frais de port
suivant zones postales et tarifs en vigueur à la date de facturation
(Paris : **73F** France : **63F** Étranger zones 1 : **57F** 2 : **81F** 3 : **130F** 4 : **155F** en juillet 1991)

les souscriptions ne sont pas annuelles et ne finissent pas à date fixe

SOUSCRIPTIONS SÉLECTIVES :

Sans prendre une souscription générale, il est possible de s'inscrire pour une souscription sélective à l'une des Séries afin d'être informé en temps voulu de la publication de chaque nouvelle livraison pour pouvoir bénéficier et du prix de faveur valable avant parution et du tirage limité des Carnets bibliographiques.

---

cette livraison de la collection

LA REVUE DES LETTRES MODERNES
ISSN 0035-2136

a été servie aux souscripteurs abonnés au titre des numéros 1058–1066

Jean-Louis Barrault
écrits, répertoire, filmographie et critique
1935–1989

éléments réunis par

HÉLÈNE VOLAT-SHAPIRO
et GERHARD M. VASCO

ISBN 2-256-90904-2 (04/92)
MINARD 170F (04/92)

---

exemplaire conforme au Dépôt légal d'avril 1992
bonne fin de production en France
Minard 73 rue du Cardinal-Lemoine 75005 Paris